KB200858

고구마전도

세 계 곳 곳 에 서 펼 쳐 지 는 영 혼 사 랑 의 전 도 이 야 기

GOGUMA
EVANGELISM

고구마전도

김기동 지음

규장

드린 것보다 풍성히 얻게 하신
20년을 돌아보며

2001년 12월. 과천교회 안수집사 시절 고구마전도왕으로 전국 각 교회에서 전도부흥집회 강사로 초청이 쇄도하고 있을 때, 생각지도 않게 미국 메릴랜드주 볼티모어 벧엘교회(당시 이순근 담임목사)로부터 풀타임 사역자로 초청받아 한국의 미국대사관에서 평신도로서는 최초로 종교 비자를 받고, 가족과 함께 미국에서의 고구마전도 풀타임 사역이 시작되었다.

언어와 문화가 다르고 환경도 낯선 이민교회에서 처음 고구마전도 사역을 시작하면서 3개월 동안 예상치도 못한 난관에 부딪히며 힘든 좌절의 시간을 보냈다. 그러나 다시 복음 앞에 서게 되면서, 내가 왜 여기에 왔는지 나의 정체성을 되찾고 벌떡 일어나 전도사역자로서 본연의 자세로 돌아갔다.

교회에서 내가 새로 개발하고 만든 교재로 8주 과정의 고구마전도학교를 개설하면서 본격적인 전도사역을 시작하였다. 계속되는 연 3회의 전도학교를 통하여 성도들에게 끊임없이 전도의 정의가 무엇이며, 복음이 무엇인지를 나누며 미국의 한인교회가 한국 사람뿐만 아니라 미국에 와 있는 160개 나라의 이민자나 유학생들을 대상으로 복음을 전해야 하는 것을 강조했다. 그리고 내가 앞장서서 전도 현장에 나가 솔선수범하여 다민족에게 복음을 전하기 시작했다. 고구마전도학교가 계속 진행될수록 예상하지 못한 고구마전도의 열매들이 미국에서 나타나기 시작했다.

그 첫 번째 열매는 기존 성도들이 미국이 곧 선교지라는 사실을 깨닫고 각성하여, 한인을 포함해 지역과 인종을 뛰어넘어 다민족에게 복음을 전하는 당위성을 갖게 된 것이다. 두 번째 열매는 미국인을 포함, 다민족에게 복음을 전함으로 인해 한 영혼이 얼마나 소중한지를 절실히 깨닫게 된 것이다. 그 열매가 이어져 한국 사람이 귀하게 보였고, 이미 우리 교회에 출석하고 있는 성도들이 너무 소중하게 여겨진 것과 더불어 하나님 아버지의 마음인 것도 알게 된 것이다. 세 번째 열매는 불신자들이 예수를 영접하고 교회에 등록한 것이다.

신학과 선교사 섬김으로 지경을 넓히시다

하나님은 그 열매에 보상이라도 하듯이 나에게 예상치 못한 큰 기회를 주셨다. 전적인 하나님의 은혜로 교회의 허락 하에 교회사역과 더불어 신학 공부를 하게 된 것이다. 161년의 역사를 가진 남침례신학교(The Southern Baptist Theological Seminary, 미 켄터키주 루이빌 소재)에 입학했다. 사역과 공부를 병행해야 하는 어려움 속에서 쉽지는 않았지만, 순간순간 복음을 되새기며 하나님께서 주시는 능력으로 M.Div 과정을 졸업했다. 그리고 2007년 미 남침례교단에서 목사 안수를 받았다.

미국에 들어올 때 단지 고구마전도를 통한 하나님나라의 확장을 꿈꾸었는데, 생각지도 못한 신학을 공부하고 목사 안수를 받게 된 과정을 돌아보면 한 치의 오차도 없는 하나님의 계획과 시간표, 그리고 그 섭리에 놀라지 않을 수 없다.

신학과 전도사역을 병행하면서 정말 시간이 모자라고 몸은 피곤하였지만 4년 동안 다민족을 대상으로 전도한 결과, 특히 중국인 60명이 교회로 인도되었고, 전도 현장에서 만난 사람들 중 20퍼센트가 무슬림인 것을 알게 되었다. 당시에는 대표적인 기독교 국가인 미국에 무슬림이 이렇게 많다는 것이 충격이었다. 그 후로 성도들과 함께 중동지역의 선교사들을 위한 중보기도 모임을 시작하게 되었다. 나는 이때부터 세계선교에 대해 서서히 눈을 뜨기 시작했다.

두바이가 국제적으로 급부상하기 시작하던 2006년, 하나님의 타이밍 속에 두바이한인교회(당시 신철범 담임목사)를 만나게 되어, 그

곳에서 부흥회를 하면서 미국에서 고구마전도의 열매들을 간증하고 선교지 한인교회의 역할과 선교사 재충전 사역에 대한 비전도 나누었다. 곧 고구마글로벌미션과 두바이한인교회가 합력하여 '이슬람권 선교사 및 가족 재충전 수련회' 개최로 이어져 그해 7월, 나라별로 이슬람권 선교사 두세 가정(자녀 포함)을 두바이로 초청했다.

두바이한인교회 성도들과 미국과 한국, 캐나다에서 온 자원봉사자들이 함께 2박 3일간, 영육간 지쳐 있는 선교사들과 그 가정을 오직 복음으로만 섬겼다. 수련회 때 남편 선교사님들은 물론이요 특히 선교사 사모님들이 3일 내내 기뻐하며 흘린 감동과 회복의 눈물은 잊을 수 없다. 모두가 재충전되는 엄청난 열매가 있었다.

수련회를 마치고 두바이에서 뉴욕으로 비행기를 타고 미국으로 돌아오는 길에 다른 선교지에서 사역하시는 선교사님들은 어떨까 생각하게 됐고, 그 생각이 이듬해 아르헨티나에서 '남미 선교사 재충전 수련회'로 이어져 동일한 결과를 얻었다.

그 후 매년 1회씩 각 대륙을 돌아가며 선교사 재충전 수련회가 계속 이어지고 있다. 놀라운 하나님의 은혜이며 주님의 기쁨이 아닐 수 없다.

영혼 사랑 공동체의 꿈

한편 2010년, 나는 기도 중에 교회 개척의 소명을 받았다. 8년간

미 동부 메릴랜드 지역에서 전도사역을 한 나는 서부 LA지역으로 이사했다. 1년 동안 기도로 준비하며 전도 현장에서 사람들을 만났다. 개척준비 기도를 하면서 하나님께 받은 마음은 한인교회가 없는 도시에서 개척하는 것이었다. 남가주 오렌지 카운티(22개 도시) 중 당시 한인교회가 없는 브레아(Brea)시에서 "한 영혼을 소중하게 여기는 영혼 사랑 공동체"의 비전을 가지고 2011년 2월, 소중한교회(www.sojunghan.org)를 개척했다.

교회의 전도 비전은 고구마전도학교를 통한 전도자 개발과 불신자 구원이며, 선교 비전은 교단과 교파, 선교단체를 초월하여 선교사 재충전 수련회를 매년 1회 선교지 현장에서 개최하는 것이었다. 그리고 할 수 있는 한 수평 이동을 받지 않고, 훈련 목회를 통하여 오직 복음과 섬김으로 불신자를 전도하고, 상처받고 교회를 떠나 있는 사람들을 찾아 그들의 영육을 치유하고 회복시키는 데 목회 철학을 두고 건강한 교회를 추구하며 건강한 성도들과 함께 9년째 행복한 목회를 하고 있다.

모든 것이 전적인 하나님의 은혜

마지막으로 지난 2018년 5월, 남침례신학교에서 '고구마전도'로 박사 논문이 통과되어 졸업하게 되었다. 과정이 멀었고 힘들었지만 소중한교회 성도들의 기도와 고구마전도학교의 열매를 토대로 논문을 쓸 수 있었고, 주님의 은혜로 논문이 통과될 수 있었음에 감사드린다. 전적인 하나님의 은혜임을 고백한다. 돌아보면 고구마전도가 미국에 들어온 지 18년 만의 결실이다.

이 사역의 열매가 나오기까지 가장 많이 옆에서 사랑으로 격려하고 응원해준 아내 송미선 사모에게 머리 숙여 깊이 감사한다. 중학교 3학년 때 미국에 와서 믿음으로 예쁘게 자라준 사랑하는 딸 내현이와 믿음의 반석 위에 서 있는 사위 이진용, 초등학교 6학년 때 미국으로 와서 믿음으로 건강하게 자라준 사랑하는 아들 탁현이와 착한 복덩어리 며느리 연주에게 감사의 마음을 전한다. 그리고 지금까지 하나님나라를 위해 부족한 종을 힘껏 도우며 신실하게 동역하고 있는 소중한교회 이상택 장로님, 조경호 안수집사님, 이교현 안수집사님, 김영성 안수집사님, 그리고 사랑하는 우리 성도 모두에게 깊이 감사드린다.

전도는
하나님 사랑 영혼 사랑입니다

교통사고로 병원에 입원하여 처음 예수 믿고 성경을 읽다가 "우리가 아직 죄인 되었을 때에 그리스도께서 우리를 위하여 죽으심으로 하나님께서 우리에 대한 자기의 사랑을 확증하셨느니라"(롬 5:8) 이 말씀을 받고 내 주변에는 아직까지 죄인들이 많은데 예수님이 그들을 위해 죽으심으로 하나님께서 그들에 대한 자기의 사랑을 확증한 것을 모르고 있으니, 먼저 믿고 알고 있는 내가 그들에게 이것을 전해야겠다는 생각이 들었다.

'나는 교통사고 정면충돌 사건으로 알게 되었지만 그들은 그런 방법으로 알면 안 되지'라는 마음이 드는 순간, 지금 전해야 되겠다는 생각이 들어 병실에서부터 전도가 시작되었다. 의무감, 부담감이 아니라 내가 먼저 이 사실을 알았기에 모르는 사람들에게 전하고 싶어서였다.

고구마전도를 통한 영적 열매들

전도는 그 후로도 삶 속에서 지속적으로 이루어졌고 그 과정에서 하나님은 '고구마전도'라는 지혜를 허락하셨다. 2000년 6월에 첫 책《고구마전도왕》(규장)이 출간되었고 이제 20년이라는 시간이 흘러《고구마전도》라는 제목으로 새 책이 나오게 되었다.

19년 동안 하나님께서 어떻게 인도하셨는지, 그 사이에 고구마전도로 어떤 일이 벌어졌는지, 고구마전도는 또 어떻게 업그레이드되었으며, 다민족과 선교지에 어떻게 적용되고 있는지 등의 내용이 고스란히 담겼다.

내가 국내외에서 25년 동안 고구마전도를 하며 얻은 열매는 크리스천의 삶이 곧 전도이며, 복잡하게 흩어져 있던 신앙의 퍼즐이 맞추어지면서 모든 크리스천이 단순하고 건강한 믿음을 소유한다는 것이다.

우리는 전도라는 말 자체가 부담스럽게 느껴진다. 해야 하는 것은 알지만 어떤 것보다 하기 싫은 것이 전도이다. 그래서 될 수 있는 한 전도는 피하고 싶어 한다. 그러는 이유는 복음을 놓치고 있기 때문이다. 크리스천이라면 신앙의 연수와 직분, 나이, 학벌에 관계없이 전도하기 전에 먼저 해야 할 것들이 있다. 그동안 고구마전도를 통하여 하나님께서 주신 핵심적인 영적 열매들을 몇 가지 나누기 원한다.

전하기 전에 매일 복음 앞에 서라

이것은 복음을 되새기는 것인데 매우 중요하다. 하루를 시작하기 전, 어떤 일을 하기 전, 사역을 시작하기 전, 당신이 복음 앞에 서보라. 하나님이 나를 부르고 세우신 목적이 뚜렷하게 보일 것이다. 복음 앞에 매일 서는 것은 하루에도 몇 번씩 오르내리며 요동치는 당신의 신앙을 스크린(screen)하기 위한 것이다. 당신의 신앙이 스크린 되는 순간, 살아 있는 복음이 당신의 삶 속에 작동하기 시작한다. 특별히 전도하기 전에 복음 앞에 서보라. 내가 왜 전해야 하며, 그 복음의 능력이 얼마나 큰 것이며, 복음이 내 삶을 변화시키고 성숙시키는 것임을 체험하게 될 것이다. 그럴 때 전도는 자연스럽게 이루어진다.

당신은 복음이 뭔지 알고 있는가? 복음 앞에 서려면 복음이 뭔지를 알아야 한다. 복음을 알고 그 복음 앞에 서면 날마다 새롭게 되는 은혜를 경험할 것이다. 복음이 하나님의 능력임을 알게 되면 자연스럽게 그 복음의 방향이 이웃을 향하게 된다. 이 책에 복음이 뭔지 상세하게 설명하고, 간단하게 정리해놓았다.

전하기 전에 하나님의 사랑이 무엇인지 묵상하라

전도는 보이는 이웃 사랑의 최고의 표현이다. 전도는 보이지 않는 하나님 사랑의 최고의 표현이다. 당신이 하나님의 사랑을 먼저 깨달아야 이웃의 영혼을 사랑하는 마음으로 나아갈 수 있다. 당신이 만나는 이웃을 "저 사람, 예수 생명이 있나 없나"라는 마음의 눈으로 바라보고 있지 않다면 아직 당신은 하나님의 사랑을 모르는 것이다. 하나님의 사랑을 모르면서 전도하려고 한다면 전도가 얼마나 부담스럽고 어렵게 느껴질 것인가!

전도하기 전에 먼저 할 일은 당신이 이미 받은 하나님의 사랑을 묵상하는 것이다. 그 사랑은 나를 구원해주신 십자가 사랑이다. 그 사랑을 통해 받은 복을 세어보라. 하나님이 당신을 얼마나 사랑하시는지 깨닫고 난 후 이웃을 바라보라. 그 이웃의 영혼에 예수 생명이 있는지 없는지가 보일 것이며, 생명이 그 속에 없는 것을 보는 순간 당신은 그 영혼을 사랑하는 마음으로 자연스럽게 전도하게 되는 것이다.

고구마전도는 또 하나의 전도 방법이 아니다

고구마전도는 복음 덩어리이다. 예수 이름의 능력을 알게 하며 체험하게 한다. 고구마전도에는 잃어버린 영혼에 대한 하나님의 안타까운 마음이 고스란히 들어가 있다. 그리고 잃어버린 영혼을 찾았을 때 기쁨을 이기지 못하시는 하나님의 마음이 들어가 있다. 그러기에 고구마전도를 통하여 이것을 깨닫고 나면 영혼 사랑의 열정이 생기고 복음을 전하고 싶은 마음이 일게 된다.

전도는 특정한 사람들이 하는 것이 아니라 예수 믿는 사람이라면 다 할 수 있다. 예수 믿는 자라면 누구나 성령의 권능이 함께하고, 하늘과 땅의 권세를 지니신 예수님이 함께하시기 때문이다.

사도행전 1장 8절은 예수 믿는 자들에게 "예루살렘과 온 유대와 사마리아와 땅끝까지" 증인이 되라고 말씀한다. 이 구절은 원어의 의미상 순차적으로가 아니라 동시다발적으로 전도하라는 뜻이다.

가족(예루살렘)도 전도하고, 친구와 동료, 이웃(유대)도 전도하고, 전혀 모르는 사람(사마리아)에게 노방전도도 해보고, 선교지(땅끝)에 가서 단기선교도 하고 동시다발적으로 복음을 전하라는 의미이다.

"내 부모님도 전도 못 했는데 다른 사람을 어떻게 전도하나" 하면서 불신자 부모님만을 전도하려고 하면 지쳐서 거의 포기하고 만다. 다른 사람에게 전도하는 것은 더 엄두를 못 낸다.

놀랍게도 동시다발적으로 할 때 예루살렘으로 전도의 마음이 더 집중되는 것을 체험할 수 있다. 또한 전도자가 한 영혼이 얼마나 소중한지 깨닫게 되는데 이것은 하나님이 전도의 열매와 더불어, 증거하는 자에게 주시는 놀라운 축복의 열매이다.

이 책을 읽는 독자들이 고구마전도를 또 하나의 전도 방법으로 접근하지 않고 영혼 사랑의 열정과 전도의 동기부여로 접근한다면 교회마다 엄청난 전도자들이 일어날 것이다. 어떤 상황의 교회든지, 고구마전도를 통하여 '복음으로 정복하고 섬김으로 다스리는' 하나님나라의 대부흥이 일어날 것을 기대해본다.

남가주 오렌지 카운티 욜바 린다시(市),
소중한교회 목양실에서

김기동 목사

저자 서문
프롤로그

GOGUMA E

ANGELISM

GOGUMA EVANGELISM

고구마전도왕
미국으로 가다

1장
나도 생고구마였다

우리 아빠 교회 나오게 해주세요

나는 예수 믿는 사람을 얼마나 싫어했는지 모른다. 불교 배경을 가진 나는 예수 믿는 사람처럼 이기적인 사람이 없다고 생각했다. 사관생도 3학년 때 미팅을 통해 아내를 만나 5년을 사귀고 결혼했다. 아내는 미션스쿨인 정신여중을 졸업하고, 숭의여고를 다닐 때는 장충단성결교회 성가대도 했지만 내게는 교회 얘기를 전혀 안 해서 나는 몰랐다.

결혼하고 다세대주택 13평 반지하 방에서 신혼살림을 시작했다. 어느 날 밤새 폭우가 내려 반지하 방에 물이 차는 바람에 혼수 이불 다 버리고 장롱은 뒤틀려버렸다. 방을 새로 도배했지만 며칠이 지나면 도배한 벽지에 새카맣게 곰팡이가 피어 방에서 퀴퀴한 곰팡이 냄

새가 났다.

어린 아기가 천식으로 기침을 하니 집에 있을 수가 없어서 낮에 아내는 아기를 유모차에 태우고 집 밖에서 왔다 갔다 했다. 사실 아내는 형편이 좋은 집의 딸이었는데 가난한 남편에게 맞추며 살다 보니까 환경은 안 좋고 생활은 어렵고 마음도 곤고한 상태였다.

그런 아내를 1층에 살던 집주인이 보고 차 한잔하라고 불렀다가 예수 믿으라고 권했다. 아내는 고등학교 때 구원의 확신 없이 그냥 교회만 다녔고 고3 때부터 공부한다고 안 다니게 되었다. 그러나 언젠가는 다시 교회를 나가야 한다는 마음은 늘 있었다.

집주인 아주머니의 권유에 옛날에 성가대를 한 생각도 나고 갈급한 마음도 있었지만 남편이 기독교를 싫어해서 안 된다고 했다. 그러자 집주인은 평일 낮에 드리는 구역예배만이라도 오라고 해서 그것은 남편 몰래 다녀도 될 것 같아 구역예배를 다니기 시작했다.

내가 보니 어느 날 우리 집에 못 보던 성경책이 하나 생겼다. 이거 뭐냐 했더니 누가 줘서 그냥 놔뒀다고 했다. 그때 다미선교회의 휴거 소동이 있었는데 불신자는 이단인지 뭔지 모르고 전부 다 교회라고 싸잡아서 생각하기 때문에 나는 성경책이 집에 있는 것이 상당히 신경 쓰였다.

그래서 성경책의 위치를 봐두었는데 출근할 때 책상 구석에 있던 성경책이 저녁때 식탁 위에 와 있었다. 아내가 성경을 본 흔적임이 분명했다. 나는 아내가 깊이 빠져버리면 어떡하지 싶어 마음이 불안해지기 시작했다. 그래서 뒤뜰에 나가 성경책을 찢어서 불에 태워버리려고 했는데 성경을 두껍게 잡고 찢으려 하니 잘 안 찢어졌다. 괜히 찢고 태웠다가 벌 받으면 어떡하나 하는 생각에 찜찜해서 그대로 놔두었다.

어느 날 아내가 자기가 주일날 교회 가면 안 되겠냐고 물어왔다. 드디어 올 것이 왔구나 싶어 "여보, 내가 다시 한번 말한다. 이거는 한 번 잘못 빠지면 큰일 난다. 당신은 배운 여자잖아. 무식하게 그런 곳에 가지 마라. 나는 정말 싫다. 우리 절에나 가자" 했더니 아내가 가만히 있었다.

그런데 가족들과 함께 식사하는데 다섯 살짜리 딸아이가 고사리 같은 손을 모으고 "우리 아빠 교회 나오게 해주세요"라고 기도하는 것이었다. 엄마가 시켰냐고 하자 "아니. 아빠 교회 나왔으면 좋겠어요. 아빠 교회 안 나가면 지옥 가요" 하는데 그 내용보다도 아빠를 사랑하는 딸이 대견스럽고 너무 귀여웠다.

만일 "놀이공원에 가게 해주세요" 하면 시간도 들고 돈도 드는데, 교회 가는 거야 돈도 들지 않으니 얘가 귀여워서 한번 손잡고 따라가주자 싶어서 "아빠가 가면 좋나?" 하니까 너무 좋다고 박수를 치는 것이다(그래서 어린이전도를 많이 하셔야 한다. 어린 자녀 때문에 그 부모가 예수 믿는 일이 많이 일어난다).

교회가 뭐 이래

그래서 한 번 따라 나갔는데 정말 별로였다. 예배를 마치고 점심을 먹으려고 교회 식당에 내려가 줄을 서서 10분 정도 기다리는데 앞에서 새치기를 하길래 성격이 불같은 나는 큰 소리로 "교회도 새치기하나. 더러워서 못 먹겠다. 가자, 그냥" 하고 나가버렸다.

또 어느 날은 너무 늦었다고 차를 태워달래서 교회에 내려주고 나는 돌아 나오려고 했는데 주차요원의 안내를 받아서 가다 보니 앞뒤로 차가 꽉 막혀 나갈 길이 없었다. 땡볕에 차 안에 앉아 있을 수도 없어서 밖에서 기다리는데 장로님 한 분이 "이쪽으로 오세요" 해서 휴게실인 줄 알고 들어가니 본당이었다.

맨 뒤에 앉아 있던 아내가 나를 보고 깜짝 놀라며 자기 옆으로 오라고 해서 아내 옆에 앉았다. 그때 목사님이 단상을 탁 치면서 "천 원이 뭡니까? 십 년 전에도 천 원, 지금도 천 원. 자장면 값도 세 배 올랐습니다."

'약장사야 뭐야, 천 원이 어째서! 땅을 파봐라, 천 원이 나오나. 이 교회가 돌았구만.'

화가 나서 그 자리를 박차고 나가려는데, 근성이 있어서 그냥 안 가고 단상 앞으로 나가 보란 듯이 목사님 앞에서 본당을 한 바퀴 돌아서 걸어 나갔다. 예배 중 시위를 한 셈이다. 그러자 목사님이 설교하다가 어리둥절한 표정으로 나를 내려다보고 사람들도 다 나를 쳐다봤다.

　그 일 이후, 나는 아내와 아이들이 교회 못 가게 온갖 작전을 다 폈다. 주말에 1박 2일로 놀러가자 하면 아내는 매번 주일이라 안 된다고 거절했다. 그러면 나는 "예수 믿는 사람은 1년 내내 놀러도 못 가나. 토요일에 놀러 가서 주일날 지나가다가 주변에 십자가 있으면 들어가면 되잖아. 내가 교회 가지 말라는 것도 아니고 꼭 이 교회라야 되냐" 했지만 아내는 주일에 교회 봉사 때문에 안 된다고 하니 '이러다가 이혼하는 건가' 싶을 정도였다.

　하도 그러니까 아내도 미안한지 주일 1부 7시 예배를 같이 드리면 봉사 안 하고 바로 놀러가겠다고 해서 그러기로 했다. 하지만 다음날, 일찍 일어나 준비하고 7시 예배를 드리러 교회로 가다가 나는 그냥 고속도로를 타버렸다. 이왕 나온 거 일찍 가면 좋지 않냐고 하니 아내가 약속이 틀리지 않냐며 차를 돌리라고 했다.

　그 순간 섭섭함이 확 몰려왔다. 나 혼자 낚시 가는 것도 아니고 가족과 함께 가는데 이게 뭔가 싶어서 그때부터 "예수가 밥 먹여주냐. 하나님이 살아 있으면 나와보라 그래"라며 하늘을 향해 삿대질을 하며 화를 냈다. 그러자 뒷좌석의 아이들까지 울기 시작했다. 그렇게 아내에게 고함지르며 하나님께 삿대질한 5분 뒤에 무슨 일이 벌어질지는 꿈에도 몰랐다.

아내가 믿고 있는 하나님, 살려주세요!

진눈깨비가 내리던 12월 8일, 그 아침. 스키장을 향해 강원도 인제 고개에 들어서는 순간 저쪽에서 까만 그랜저 한 대가 내려왔다. 당연히 옆으로 스쳐 지나가야 할 그 차가 갑자기 중앙선을 넘어 내 눈앞에 들어오더니 서로 브레이크 한 번 못 잡고 충돌하면서 사고가 나고 말았다.

얼마나 됐을까, 눈을 뜨니 앞에 확확 이는 불꽃이 보이는데 차 안에 연기가 꽉 차서 앞이 안 보이고 숨도 쉴 수 없었다. 창문 스위치를 막 누르자 유리가 깨지면서 창문이 약간 내려갔다. 창문으로 연기가 빠져나가자 차 밑으로 완전히 들어가 의식이 없는 아내가 보이는데, 덜덜덜 소리가 나더니 내 차 뒤에서 따라오던 2.5톤 트럭이 와서 아내가 탄 조수석을 동시에 받아버렸다(나중에 알고 보니 그 트럭이 절벽으로 떨어질 뻔한 내 차를 막아준 것이었다).

아내는 차 밑에 깔려 그 트럭에 오른팔이 받쳐 피가 솟구치고 팔이 덜렁거리는 채 의식이 없었다. 급히 허리띠를 풀어 지혈하고 뒤편의 아이들을 보니 딸이 없었다. 튕겨 나가 유리에 부딪혔는데 얼굴에 유리가 잔뜩 박혀 형체를 못 알아볼 정도였다. 카시트에 태웠던 두 살짜리 아들은 차가 받치는 순간 혀를 깨물어 입에서 피가 쏟아지는데 의식이 없었다.

설상가상으로 보닛에 불이 붙어 올라오는데 차 문이 안 열렸다.

사람들이 몰려와 모래를 뿌리고 절단기를 동원해 문을 자르며 도와 줘서 간신히 가족들을 차 밖으로 끌어낼 수 있었다.

가족들을 곧바로 속초 인근 병원으로 실어 보내고 사고 현장에 나 혼자 남아 가만히 서서 생각했다. 왜 이 시간에 하필이면 내 차냐고. 나는 교통법규 잘 지켰는데 9시 뉴스에 나오는 사고가 왜 나에게 일어나냐고.

나만 믿고 따라오라고 큰소리친 아빠를 따라온 결과가 저렇게 됐으니 내가 책임져야 하는데 내가 할 수 있는 게 하나도 없었다. 만약에 저 셋 중 한 명이라도 안 좋은 일이 생긴다면 나는 살 가치가 없다는 생각이 들었다. 아내 말대로 1부 예배를 드리고 왔다면 이 장소와 시간을 피했을 텐데 내가 왜 갑자기 그렇게 바로 왔나 하고 후회가 되었다.

그러다가 '내 아내가 믿고 있는 하나님이 만분의 일이라도 살아 계신다면 제 가족 좀 살려주세요. 제발 살려주세요!' 이런 기도를 하는데 "안 살려줘!"라는 하나님의 음성이 들리는 것 같았다. 왜 안 살려줄까 생각해보니 사고 나기 5분 전에 "예수가 밥 먹여주냐. 하나님이 살아 있으면 나와보라 그래" 하며 삿대질한 생각이 났다.

그래서 "하나님, 잘못했어요" 하고 다시 하나님께 살려달라고 기도하는데 또 "안 살려줘!"라는 하나님의 음성이 들리는 것 같았다. 가만히 생각하니까 목사님이 설교 때 돈 이야기를 한다고 예배 시간에 본당을 한 바퀴 돌고 나간 일이 떠올랐다.

"하나님, 잘못했습니다. 내가 모르고 그랬습니다. 하나님, 살려주세요."

사고 주변을 둘러보다가 고깃덩이 같은 조그만 살점이 바닥에 떨어져 있길래 주워서 주머니에 넣었다. 가족이 실려 간 병원으로 갔더니 응급조치를 끝낸 의사 선생님이 여기서는 고칠 수가 없으니 빨리 서울에 있는 큰 병원으로 옮기라고 했다.

그때 다섯 살짜리 딸의 얼굴이 푸욱 파여 광대뼈가 다 보이는데 방금 주워온 그 살점을 그 안에 한번 넣어보니 감사하게도 딸아이의 살점이었다. 하나님의 창조가 놀라워서 2시간 안에만 붙여놓으면 1차적으로는 제 살로 회복된다고 한다(손가락도 2시간 안에만 접합하면 자기 살로 다 연결된다고 한다).

당신만 살면 다 살아요

촌각을 다투며 가족을 서울로 옮기던 그 시간은 이루 말할 수 없이 초조했다. 나는 가족 옆에서 하나님께 살려달라고 계속 외칠 뿐이었다. 서울의 한 대학병원 응급실에 도착해 수술실로 들어갔다. 그날이 주일이라 당직 의사뿐이었는데 지금 생각해보면 기적인 것이 그 당직 의사가 성형외과의였다. 딸의 얼굴을 보더니 이 사람이 먼저 딸의 수술을 집도하기 시작했고 중간에 의사들이 더 들어가기도 했다.

6시간이 지나 의사가 나와서 보호자를 찾았다.

"선생님, 어떻게 되었습니까?"

"가족 세 명 모두 생명에는 지장이 없습니다. 수술이 잘 되었습니다…."

그 소리를 듣고 의사 앞에서 "하나님, 감사합니다" 하던 그때 나는 갑자기 얼굴이 차가워지더니 눈앞이 까매지면서 의식을 잃었다. 온몸이 붓고 대퇴부가 틀어지고 다리를 못 쓰는 상황이었다. 그 몸으로 가족을 살리려고 온종일 어떻게 뛰어다녔는지 모르겠다. 오른팔로 두 살짜리를 안고 뛰어다녔는데, 실은 그 팔도 세 동강 난 상태였다고 한다. 정말 기적이 아닐 수 없었다. 의사조차 "하나님이 하신 것 같다"라고 말할 정도였다.

수술 후 의식을 회복해보니 몸을 전혀 움직이지 못하는 상태였다. 그런 내 눈앞에 가족이 보였다. 다들 붕대투성이였지만 모두 살아 있었다. 딸은 얼굴에 109바늘을 꿰매었고 쇄골도 부러져 몸에 통기브스를 하고 있었다. 아내는 팔을 수술하고 붕대로 감고 있었으며 아들은 온몸에 검은 멍자국이 가득했다.

아내에게 "우리 가족 다 살았어?"라고 묻자 아내가 내 목을 껴안고 "당신만 살면 다 살아요"라며 우는데 나도 얼마나 눈물이 났는지 모른다. '내가 그렇게 하나님을 불신하고 하나님을 욕하고 전혀 믿음이 없었는데 하나님이 어떻게 내 기도를 들어주셨지?' 하는 마음이 들었다. 나는 하염없이 감사의 눈물을 흘렸다.

우리가 아직 죄인 되었을 때에

그때부터 하나님을 알고 싶어졌다. 하나님을 알고 싶으면 성경을 읽으라고 해서, 무슨 말인지 잘 몰라도 일주일에 100장씩 읽었다. 무슨 뜻인지 아무것도 몰랐지만 내가 첫 번째 받은 말씀이 로마서 5장 8절 말씀이었다.

> 우리가 아직 죄인 되었을 때에 그리스도께서 우리를 위하여 죽으심으로 하나님께서 우리에 대한 자기의 사랑을 확증하셨느니라 롬 5:8

"우리가 아직 죄인 되었을 때에" 착한 일을 했을 때가 아니라 아직 죄인 되었을 때, 내가 예수님을 모르고 막 욕하고 죄짓고 하나님께 삿대질하고 있을 때, 이미 2천 년 전에 그리스도께서 나를 위하여 십자가에 죽으심으로 하나님께서 나에 대한 자기의 사랑을 확증하셨다는 말씀을 보는 순간 가슴이 뜨거워졌다.

그 말씀을 받은 후 목사님이 심방을 오셔서 복음을 말해주셨고, 예수님을 영접하는 순간 기쁨과 함께 가슴이 뻥 뚫렸다. 그 후에 보니 내 주위에는 아직까지 죄인들이 너무 많았다.

'저들이 아직 죄인 되었을 때에 그리스도께서 저들을 위하여 십자가에 죽으심으로 하나님이 저들에 대한 자기의 사랑을 확증하셨느니라. 그러나 저들은 이 사실을 모르고 있다. 그러나 나는 교통사고로 알게 되었으니, 그럼 알고 있는 내가 아직까지 그것을 모르는 죄인인 저들에게 이 사실을 전해야 되겠네.'

이렇게 생각하니 가만히 있을 수 없어서 성한 왼손으로 휠체어를 밀고 다니며 병실마다 들어가 환자들에게 예수 믿으라고 권했다. "저는 이 병원 ○○호실 환자인데 교통사고 나서 예수 믿었습니다. 선생님(환자)도 예수 믿으세요"라는 말밖에 안 했다.

한번은 한 병실에 누워 있는 환자에게 그 말을 하니 그 분이 울며 "어제 원목이 저 사람한테 왔다 갔는데 나도 예수 믿고 싶었지만 나한테는 말 안 했다"라고 했다. 나는 '원목'(院牧)이 병원에서 사역하는 목사님을 가리킨다는 것을 몰라서 "그럼 원목 씨를 한 번 더 부르세요"라고 했다. 주일에 그 사람을 병원 예배에 같이 데리고 나가 기도 했다.

주일에는 휠체어를 타고 병원에 있는 기독교 예배실로 예배드리러 갔다. 작은 방에 6,7명 정도, 그것도 환자는 안 보이고 보호자로 보이는 사람들만 몇 사람이 와서 예배를 드리고 있었다. 그런데 매일 휠체어를 타고 병실을 돌아다니며 전도하고 주일날 함께 예배드리러 가고 하니, 한 달이 지나자 환자 7,8명이 내 휠체어를 밀고 예배드리러 가고 있었다.

두 달 후에는 가톨릭 방과 기독교 방이 바뀌는 일이 일어났다. 가톨릭은 백 명 정도 모이는 공간에 열서너 명이 있고, 기독교는 스무명 정도 모이는 방에서 예배를 드렸는데 점차 예배드리는 인원이 많아지니 병원에 건의하여 예배실을 바꾸게 된 것이다.

그렇게 전도에 불이 붙어서 다녔는데 그것이 무슨 훈련을 받아서 되는 것이 아니라 우물가에서 예수님을 만난 사마리아 여인처럼 나도 예수 만났다는 마음을 가지고 있으면 된다. 그 여인이 동네로 가서 "나 예수 만났다"고 말한 것처럼 "나 예수 만났다"고 말하면 구원받을 사람이 있다는 것을 알게 되었다. 특별한 요령이나 방법이 없어도 그저 마음의 뜨거움과 감사로 말하면 있고, 말 안 하면 없다는 것도 체험하게 되었다. 상대방이 믿고 안 믿고는 하나님의 주권이다.

2장
익은 고구마가 전도자로

토요일 오후 3시에 시간이 나세요?

교통사고로 회심한 후 아내를 따라 과천교회를 나갔는데 어느 날 목사님이 토요일 오후 3시에 나를 데리고 전도를 나가셨다. 그 날은 "오늘 김기동 성도님은 아무 부담 갖지 말고 따라만 오셔서 아무 말도 하지 말고 그냥 내가 하는 것만 보세요"라고 하셨다.

나는 아직 아무것도 몰라 전도를 못 하지만 따라다니기만 하는 것은 얼마든지 할 수 있으니 좋다 하고 따라나섰다. 과천 서울대공원 분수대에 가서 목사님이 앉아 있는 사람에게 말을 거셨다.

"안녕하세요? 여기 처음 나오셨어요? 어디 누구 기다리세요? 네, 저는 여기 교회에서 전도 나왔는데 혹시 예수님 믿으세요?"

"아뇨."

"아이고 그렇구나. 그래요. 재미있게 놀다 가세요."

1분도 안 걸렸다. 그러고서는 옆 사람에게 가서 똑같이 말을 걸었다.

"안녕하세요? 저희는 교회에서 나왔는데 여기는 자주 나오세요, 아니면 친구 만나러 오셨어요? 아이고 그렇구나. 예수님 믿으세요? 에, 그래요. 재미있게 놀다 가세요."

그 모습을 보고 있던 나는 저 정도 같으면 나도 독립할 수 있겠다는 생각이 들어서 분수대에 사람들이 앉아 있는 곳으로 가서 곧장 말을 걸었다.

"안녕하세요? 교회에서 전도훈련, 저기 우리 목사님이신데, 혹시 예수님 믿으세요?"

그런데 나는 첫판부터 잘못 걸렸다. 이 사람이 벌떡 일어나더니 술냄새를 풍기며 저리 꺼지라고 큰 소리로 욕을 해댔다. 예상치 못한 상황에 너무 당황스러웠지만 "아, 죄송합니다. 잘 놀다 가세요" 하고 목사님에게 가려다가 '에이, 이왕 쪽팔린 거 끝까지 쪽팔려 버려야지' 싶어 바로 옆에 앉아 있는 사람에게 다시 말을 걸었다.

"안녕하세요?"

저 같은 사람도 예수 믿어도 되겠습니까

"아니, 됐어요."

거부당했지만 그 옆 사람, 또 그 옆 사람에게 똑같이 인사하며 "예수님 믿으세요?"라고 물었다. 그런데 다섯 번째 사람이 "저 같은 사람도 예수 믿어도 되겠습니까?"라고 물었다. 발밑에 소주병이 보였다. 딸 때문에 속상해서 마셨다는데 이유는 말하기 싫어했다.

"아저씨, 제가 교통사고 나서 제 딸이 얼굴에 109바늘 꿰맸지만 그래도 그 사고로 가족 모두 예수를 믿었는데 너무 좋아서 이렇게 예수님 전하러 나왔어요" 했더니 나를 쳐다보며 "우리 딸도 교통사고 났는데…" 했다. 자신이 음주 운전을 하다가 옆에서 딸이 받치는 교통사고가 났고, 17년이 지났는데도 아직 딸에게 후유증이 있어서 죄책감으로 괴로워하며 늘 술로 나날을 보낸다는 것이었다.

옆에 앉아 이야기를 나누다 마음이 뜨거워져서 이분을 위해 기도해드리고 싶은 마음에 "아저씨, 제가 아저씨와 따님을 위해 기도해드릴게요" 하고 손을 딱 잡았는데 그때 나는 기도를 한 번도 한 적 없고 기도를 어떻게 하는지도 몰랐다. 너무 당황해서 아무 말 못 하고 한참을 머뭇머뭇하다가 내 입에서 "주여, 주여"라는 말만 나왔다. 사실 그 속에 모든 기도의 내용을 담은 기도였다.

그런데 그때 이 아저씨도 "주여, 주여" 하며 같이 따라 하기 시작했다. 둘이 가슴에 불이 붙어서 꽉 손잡고 한참 "주여 주여 주여 주여" 하다가 문득 "주여"만 너무 오래 한다는 생각이 들었다. '어떻게 마치지?' 순간 지혜를 구했다. 그리고 단계적으로 천천히 "주여 주여… 주… 여…" 오토바이 발동 꺼지듯이 간신히 기도를 마쳤다.

눈을 떠보니 중앙분수대 둘레에 앉아 있던 그 많던 사람들이 다 가고 아무도 없었다. 그래도 하나도 창피하지 않았다. 잠시 후 목사님이 복음을 제시해주셔서 그 분은 예수님을 영접하였고, 나는 그 뒤로 계속해서 토요일마다 기대하며 전도의 자리로 나가게 되었다.

돌이켜보면 "김기동 성도님, 토요일 오후 3시에 시간이 나세요?"라는 목사님의 부름(하나님께서 기뻐하시는 전도훈련)에 순종한 것이 하나님께서 나를 전도자로 이끄시는 결정적인 계기가 되었다.

아파트 흉가에서 살아내다

다세대주택 13평 반지하에서 아파트로 이사를 가려고 하는데 수중에 6천만 원이 있었지만 당시 그 지역 아파트의 평균 전세값이 8천만 원에서 1억 원이라 아파트로 이사하기에는 턱없이 부족했다.

거의 포기하고 있었는데 한 부동산에서 전세 6천만 원 하는 30평 아파트 흉가가 있다고 알려주었다. 그 집은 과천에 사는 사람들이라면 다 아는 집인데, 그 집에 이사해 들어가는 집마다 한 사람씩 죽어서 나온다는 곳이었다. 그 이야기를 듣자마자 나는 빌립보서 2장 10절 말씀이 생각났다.

하늘에 있는 자들과 땅에 있는 자들과 땅 아래에 있는 자들로 모든 무릎을 예수의 이름에 꿇게 하시고 빌 2:10

나는 그 집이 바로 우리가 들어갈 집이라 확신하고 그 자리에서 계약하기로 했다. 집주인이 다시 잘 생각해보라면서 걱정스러워했는데, 나는 주님이 함께하신다는 믿음과 주님이 나의 죄를 대속하신 것을 믿고 주님의 이름을 부르기만 하면 승리한다는 단순한 믿음으로 "우리는 예수 믿어서 괜찮습니다"라고 당당히 말하고 전세금 6천만 원으로 그 집을 계약했다.

계약하고 그 집에 가보니 정말 폐가나 다름없었지만 일주일 동안 수리를 하자 들어가 살 수 있을 정도로 깨끗하게 되었다. 하지만 아파트 흉가에 살기는 처음이라, 이사한 그 날 밤에는 처음 그 믿음이 어디 갔는지 조금 무서웠다.

나는 잠도 못 자고 아내를 깨워 거실에서 두 손을 마주잡고 한참을 열심히 기도했다. 그런데 갑자기 내 귀에 "그만해"라는 소리가 들렸다. 정말 무서웠다. 그래서 더 큰 소리로 기도를 하자 또 내 귀에 "그만해"라는 소리가 들렸다. 눈을 떠보니 아내가 말한 소리였다. 내가 너무 간절하게 아내의 손을 꽉 잡고 기도해서 아내가 손이 저리니 그만하라는 말이었다. 그때는 그만큼 절박하고 간절한 마음으로 기도할 수밖에 없었다.

2년 후, 우리는 신도시에 당첨된 아파트로 이사할 수 있게 되었다. 집주인은 2년 동안 안 죽고 살아준 것에 대해 우리에게 절까지 하며 감사했고 이사 비용까지 주며 감사를 표현했다. 나는 그 집주인에게도 간증하며 예수님을 전했다. 집주인이 "우리도 예수 믿으면 그렇게 될 수 있겠습니까?"라고 물어왔다. 나는 "그렇게 될 수 있습니다"라고 답하며 복음을 전했다.

처음에 아파트 주민들은 흉가에 이사 온 우리 가족을 주시하며 불쌍하고 근심 어린 눈으로 보았으나 나는 오히려 예수 믿기 때문에 괜찮다며 예수님을 자랑했다.

"아주머니, 예수님 믿으세요. 너무 좋아요!"

우리가 아무 일 없이 잘 살고 있으니까 주민들의 태도가 조금씩 바뀌기 시작했다. 처음에는 "젊은 사람들이 안 됐네" 하더니 몇 개월 후에는 의아해하는 눈치였고, 1년쯤 지나자 놀라워했다. 주위 사람들에게 예수 믿고 교회 다니기를 권유했더니 사람들이 마음 문을 열고 관심을 갖기 시작했다.

이 체험을 통해 나는 문제에 대한 두려움이 없어졌다. 이제는 "문제야, 와라" 하는 식이 되었고, 문제가 있어도 문제 앞에서 예수 이름을 부르며 승리를 체험하게 되었다. 그때부터 전도의 문이 열리고 예수 안 믿는 사람을 만나면 어떤 상황에서도 담대히 예수님을 자랑하게 되었다.

작두도사를 전도하다

나에게 '고구마전도왕'이라는 별명이 생겼을 만큼 많은 전도의 간증이 있는데 그중 한 가지만 간단히 소개할까 한다.

한번은 전도하러 나갔다가 밖에 '작두도사'라고 쓴 집을 봤다. 그냥 지나치려다 '저기도 한번 찔러볼까?' 하는 생각이 들어 문을 열고 들어가니 안에 도관을 쓰고 한복을 입은 작두도사가 앉아 있는 게 보였다. "안녕하세요!" 하고 인사하니 나를 손님으로 알고 "예, 들어오세요" 했다.

"저는 과천교회에서 나왔습니다. 아저씨, 혹시 예수 믿으세요?"

그러자 작두도사가 금세 눈이 동그래지면서 "아니, 이 사람이 여기가 어딘 줄 알고…. 당신이 믿는 신이 있고 내가 믿는 신이 있어!" 하고 소××, 개×× 하면서 욕을 해댔다. 나는 '이거 왕생고구마네! 이제부터는 이 사람과 내가 싸우는 게 아니라 하나님이 이 사람 뒤에 있는 악한 영과 대신 싸우는 거다. 이 싸움은 이미 십자가에서 예수님이 승리한 것을 재방송하는 거야'라고 생각하고 빙그레 웃으며 말했다.

"아저씨, 그래도 믿어보세요! 너~무 좋아요! 안녕히 계세요. 다음에 또 한번 들르겠습니다."

그가 아직 왕생고구마라는 것만 확인하고 인사하고 돌아 나오는데 뒤에서 욕하는 소리가 계속 들렸다. 일단 내가 작두도사를 찔렀으니 이젠 익는 일만 남았다.

며칠 후 또 한 번 들렀다. "아저씨, 안녕하세요? 제가 아저씨를 위해 기도하고 있습니다" 했더니 작두도사가 버럭 소리를 질렀다. 그래도 나는 주눅 들지 않고 빙그레 웃으면서 "그래도 아저씨, 예수 믿으세요. 믿으면 너무 좋습니다!"라고 말했다. 영업 방해로 고발한다고 엄포를 놓는 작두도사에게 인사하고 나오며 속으로 '아저씨는 큰 젓가락으로 벌써 두 번 찔렸어요!' 하면서, 뿌듯한 마음으로 '할렐루야'를 외치며 돌아왔다.

세 번째 들렀을 때는 문을 열자마자 왕소금이 날아왔다. 아마 내가 항상 오후 3시 25분에 그곳을 찾아갔기 때문에 누군지 확인도 안 하고 왕소금을 뿌린 것 같았다. 그렇다면 분명히 작두도사가 내가 올 것을 생각하고 미리 긴장하며 준비했다는 얘기가 된다. 드디어 반응이 온 것이다. 속으로 '이제는 됐다!' 싶어서 그저 "아저씨, 기도하고 있습니다"라고 말한 다음 돌아왔다.

그다음에 다시 찾아갔을 때 작두도사는 소금에 절인 듯 완전히 지쳐서 풀이 죽어 "아저씨, 이젠 장난 그만 치세요"라고 말했다. 고구마가 익은 정도가 아니라 완전히 김빠진 물고구마가 되어 있었다.

"아저씨, 저는 장난이 아니에요. 저는 아저씨를 위해 기도하고 있습니다."

그러자 이번에는 작두도사가 제발 돌아가라고 애원까지 했다.

일곱 번째 방문했을 때, 작두도사가 정중히 들어오라고 하더니 한참을 가만히 있다가 말을 꺼냈다. 자기 아들이 3년 동안 누워 있는데, 아들만 고쳐주면 교회를 나가겠다는 것이었다. 이 말을 하는 그에게서 고구마 익는 냄새가 났다. 불신자가 자존심을 꺾고 자기 문제를 얘기하기 시작했다는 것은 이미 익어가고 있다는 증거이다. 더욱이 다른 신을 믿는 사람이 자기 문제를 드러낸다는 것은 쉬운 일이 아니다. 어쨌든 바로 그때가 기회여서 작두도사에게 "저도 기도하겠지만 우선 아버지가 기도해야 합니다"라며 집회에 한 번만 참석해달라고 권했다.

작두도사는 기도는 하겠지만 교회는 가기 싫다고 했다. 나는 하나님의 역사는 어떻게 오는지 모른다고, 아이를 통해서 당신이 예수를 믿게 될 수도 있지 않느냐고 계속 권유했다. 한참 옥신각신한 끝에 작두도사는 자신이 작두도사임을 교회에 절대 알리지 않는 조건으로 집회 마지막 날 하루만 참석하기로 약속했다.

드디어 집회 마지막 날, 나는 작두도사와 나란히 집회에 참석하여 만나는 교인마다 그를 인사시키면서 "이분 아드님이 아프니까 기도해달라"고 부탁하고 맨 앞줄에 앉았다. 시간이 흘러도 작두도사는 멍하니 앉아 있기만 했다. 진땀이 흘렀다.

얼마 후 목사님이 "주여!" 세 번 외치고 통성기도를 하자고 했다. 나는 궁금해서 작두도사를 힐끔 쳐다봤는데 이게 무슨 일인가? 그가 "주여! 주여!" 하더니 작두를 타듯 펄쩍펄쩍 뛰면서 손을 들고 기도하는 게 아닌가! 그뿐 아니라 얼마 후 그의 모습을 보고 있던 옆자리의 장로님이며 뒤에 앉은 성도들까지 작두도사를 따라 펄쩍펄쩍 뛰면서 기도하는 것이었다. 그 모습을 보는 순간 꿈을 꾸는 것 같았고 성령의 역사에 눈물이 핑 돌았다.

'하나님이 이런 역사를 이루시려고 그 집을 그냥 지나치지 않게 하셨구나.'

나중에 안 사실이지만 놀랍게도 작두도사의 형님은 대구에서 목회를 하고 계셨다. 작두도사는 예비된 고구마로, 모든 것이 주님이 예비하시는 중에 뜻이 있었던 것이다.

솔직히 말하면 작두도사 집에 들어간 것은 오래 심사숙고한 끝에 결정해서 한 행동이 아니었고, 그리 간절한 마음으로 한 일도 아니었다. 그저 지나가다가 한번 찔러볼 심산으로 들어가본 것인데, 그 형님 되시는 목사님이 작두도사인 동생을 위해 얼마나 눈물로 기도하셨을까 생각하니 하나님께서 형님 목사님의 기도를 들으시고 나를 도구로 쓰셨구나 하는 마음이 들었다. 이 일을 통해 나는 그저 무심히 찌르는 젓가락질 하나에도 한 치의 오차가 없다는 것을 알게 되었다.

3장
고구마전도왕 미국으로 가다

뵌엘교회의 초청

　과천교회 안수집사로서 평신도이던 2001년도에 고구마전도 간증 집회를 많이 다녔다. 그해 가을에 앞으로 약 3년간의 집회가 약속되어 있었다. 그렇게 전국을 다니면서도 주일예배와 구역예배, 그리고 토요일에 나가는 여호수아 전도대를 절대 놓치지 않았고, 동시에 사업을 두 개나 하고 있었는데 둘 다 잘되고 있었다.

　그런 가운데, 사랑의교회 고(故) 옥한흠 목사님과 호산나교회 최홍준 목사님(현재 원로목사)이 "고구마전도는 우리 목사들이 보호해 줘야 된다" 하시면서 목사님 열아홉 분과 함께 이사회를 구성하고 〈고구마글로벌미션〉(구 기독교전도사역연구소)이라는 비영리단체를 만들어 사랑의교회에서 발족식을 했다.

그때 나를 상임이사로 세우시면서 "집사님, 돈 어느 정도 벌어났으면 이제 다 넘겨주고 집사님은 한국에 고구마전도를 본격적으로 심어야죠" 하셨는데 그것이 내게는 하나님의 음성으로 들렸다. 그래서 담임목사님에게 말씀드려 허락을 받고, 잘되던 사업도 다 내려놓고 약 6개월 정도 전적으로 뜨겁게 활동했다.

그러던 중, 2001년 11월, 미국 동부 메릴랜드주의 볼티모어 벧엘교회에서 나를 풀타임 사역자로 초청해주었다. 볼티모어 벧엘교회는 할렐루야교회의 김상복 목사님이 개척하신 교회로, 2001년 당시에는 이순근 목사님(《어? 성경이 읽어지네》의 저자 이애실 사모님의 부군)이 담임하고 계셨는데 풀타임 전도사역자로 나를 초청하기로 했으니 종교 비자를 받아 미국으로 들어오라는 것이었다.

나는 가도 되고 안 가도 되는데 목사님들에게 상의하니 담임목사님이나 옥 목사님, 부산 호산나교회 최홍준 목사님 모두 너무 잘되었다며 "고구마전도가 글로벌화 할 수 있는 절호의 기회이니, 3년만 가서 미국에 고구마전도를 심고 와라" 하셨다.

그런데 비자 발급에 필요한 서류를 대행업체에 넣으려 하니 종교 비자는 신학교 졸업장과 목사 안수 증명서가 필요한데 나는 평신도라 두 가지 서류가 다 미비하여 접수가 안 된다고 했다. 나는 처음부터 안 되는 것이었다. 안 된다고 벧엘교회에 전화하니 그래도 한 번 더 접수해보라고 했다. 그래서 내가 직접 대사관에 갔더니 감사하게도 접수해주고 면접날 가족과 함께 나오라고 했다.

미국을 살려줄 수 있습니까?

종교 비자는 9번 창구였다. 창구 앞에 목사님 여덟 분이 계시고 내가 서고 그 뒤로도 몇 분이 더 계셨다. 목사님 몇 분이 고구마전도 왕 김기동 집사 아니냐며 나를 알아보셔서 인사를 나누었다. 그러 면서 여기는 목사 줄인데 종교 비자 서류가 접수됐냐고 물으셨다.

인터뷰가 진행되면서 내 앞의 여덟 목사님 다 비자 발급이 거부되 어 창구로 여권이 반환되었다. 사실 그 무렵은 9.11 테러가 일어난 지 얼마 되지 않아 관광비자도 나오지 않을 때였는데, 꼭 필요한 서 류인 신학교 졸업장도 목사 안수 증명서도 없이 평신도(안수집사)인 내가 목사님들이 받는 종교 비자를 받는다는 것은 더 말이 안 되는 일이었다.

그런데 내 차례가 됐을 때 인터뷰하는 대사관 직원이 이런 이야기 를 해주었다. 9.11 테러 이후 대사관에서 미국을 위해 매일 조찬기 도회를 하는데 그 자리에 누군가 내 서류를 갖고 와서 "이 사람이 아주 특별한 전도자인데 미국에 보내주자" 했다는 것이다. 그러면 서 그 직원이 내 눈을 바라보며 물었다.

"지금 미국이 9.11 테러 때문에 영적으로 너무 힘든데, 당신이 미 국에 들어가서 미국을 살려줄 수 있겠습니까?"

그렇게 하겠다고 대답하자 그 직원은 내가 신청한 3년짜리 종교 비자를 5년짜리로 바꿔주며 말했다.

"미국대사관이 생긴 이래 deacon(집사)이 종교 비자 받는 건 당신이 처음입니다. 미국을 살려주십시오."

그래서 하나님의 계획과 섭리 속에 집사로서는 최초로, 종교 비자를 받고 가족과 함께 미국에 들어가 메릴랜드 볼티모어 벧엘교회에서 사역하게 되었다.

언제 돌아가실 거예요?

그렇게 해서 2001년 12월, 기적같이 미국에 들어갔다. 물불을 가리지 않고 굉장히 뜨거울 때라 미국을 살려보자는 마음도 있었다. 그러나 현실은 호락호락하지 않았다. 들어가서부터 계속 문제에 부딪혔다.

일단 영어가 안 들렸다. 한국에 있을 때 미국 사람들과 사업을 해서 내가 영어를 좀 하는 줄 알았는데 알고 보니 그 분들이 내 수준에 맞춰서 이야기해준 것 같다. 본토에는 그런 것이 없으니 영어가 들리지 않았다. 일대일로는 어느 정도 가능하겠는데 사람이 많은 데서는 조그만 것도 안 들리니까 위축되기 시작했다. 벧엘교회도 장로님부터 교인들까지 다 영어를 잘하는데 영어를 못 하는 내가 사역자로서 이분들을 어떻게 티칭하겠느냐는 생각이 들며 심한 열등감이 들기 시작했다.

그런데 미국에 온 지 3주 되었을때 장로님 한 분이 지나가다가 내게 물으셨다.

"언제 돌아가실 거예요?"

한국말인데도 처음에 이해가 안 됐다. 내가 여기에 사역자로 왔는데 어디로 돌아간다는 말인가. 장로님은 이어서 "신성한 주보에 고구마가 뭐예요, 교회에서 고구마 장사합니까"라고 하였다. 내가 고구마전도로 초청을 받아서 주보에 소개해놓은 글을 두고 하는 말씀이었다.

그리고 고구마가 익었나 안 익었나 영적인 젓가락으로 찔러보자는 말이 있는데 그 찔러보자는 말이 과격하다고 했다. 그래서 "성경에 베드로가 설교하니까 사람들이 그 설교를 듣고 마음에 찔렸다는 표현이 있어서 그 말을 본따서 영적으로 한번 찔러본다는 표현을 했습니다" 하니 "성경에 있으면 할 수 없고" 하고 가셨다.

그런데 나를 볼 때마다 계속 "언제 가실 거예요?" 하고, 한 번은 돌아서면서 한마디 한 것이 내게 큰 상처가 되었다.

"수준을 알아야지."

만장일치로 초청했다고 했는데 나를 반기는 사람이 별로 없고 분위기가 영 아니었다. '미국 들어오기까지 6개월 동안, 몇 년간 잡혀 있던 집회 일정 취소하느라 싹싹 빌었는데, 한국에 있었으면 정말 뜨겁게 사역하고 있을 텐데 미국까지 와서 내가 뭐하고 있나, 하나님이 왜 나를 여기에 보내셨나, 영어도 못 하는데 여기서 어떻게 뭘 하라는 건가, 게다가 반기지도 않는 교회에서….'

나중에 알고 보니 평신도인 나를 풀타임 사역자로 초청하는 일이 만장일치로 정해진 것은 아닌 것 같았다. 그 당시 9.11 테러 이후 관광 비자도 쉽게 나오지 않는데, 초청하더라도 집사인 내가 종교 비자를 받아 미국에 오리라고는 생각하지 못한 것이다.

이 힘든 상황을 기도로 풀어야 하는데 그것도 할 수가 없었다. 나는 답답할 때나 간절할 때는 통성으로 부르짖는 기도를 하는 편인데 3,40명 나오는 새벽기도가 너무 조용하니까 그러지도 못하고, 꾹꾹 누르며 신음하듯이 기도하면 그 소리조차 다른 분들 기도에 방해가 된다고 눈치를 주는 그런 형편이었다.

내가 R1이다

한 달 전 한국에 있을 때와 비교하면 너무 초라해서 내가 왜 여기서 이러고 있는지 당장 돌아가고 싶었다. 그런데 가족들이 미국에 와서 너무 행복해했다. 종교 비자(Religious worker visa)의 당사자(R1)는 종교 일을 해야 하지만 동반한 가족은 아무 일도 할 수 없다. 동반 비자(R2)인 우리 가족을 보니 미국이 천국이었다.

중3이던 큰 애는 미국 오기 전날까지 밤에 학원을 다녔는데 미국 고등학교에 들어가니 아침 7시에 학교 갔다가 오후 2시에 돌아오면 이후로 아무것도 하지 않았다. 처음에는 이래도 되나 하며 이상해하더니 나중에는 너무 좋아했다. 초6이던 둘째는 영어 공부도 전혀 안 시켰는데 아이들끼리는 잘 통해서 학교 간 첫날부터 백인 친구들을 집에 데리고 와서 놀았다. 아내도 미국이 너무 좋다고 했다.

R2들은 전부 다 좋다고 난리인데 R1인 나는 상대적으로 너무 힘들었다. 아내에게 교회에서 힘든 것, 장로님에 대한 것을 한 마디도 말하지 못하고 혼자 속으로 끙끙 앓으며 힘들어 죽을 지경이었다.

교회에서 기도할 수 없어서 아파트 벽장을 비우고 교자상과 스탠드를 놓아 기도 골방을 만들고 그 안에 들어가서 울며 기도했다. 사실 감사 조건이 정말 많았는데도 너무 힘드니까 불평과 넋두리만 나왔다.

"하나님, 나한테 왜 이러시는 겁니까. 도대체 한국에서 잘하고 있는 사람을 왜 미국으로 보내서 이러십니까. 힘들어 죽겠습니다. 한국에 있으면 지금도 한참 엄청나게 일하고 있을 텐데 왜 여기로 불렀습니까. 하나님이 실수하신 겁니다. 영어 한마디도 못 하고 아무 것도 못 하고 여기서 환영도 못 받고 핍박받고 있는데 이런 곳에서 내가 성도들한테 뭘 가르쳐준다는 말입니까. 고구마? 한국적이라고 늘 무시하는데 내가 여기서 어떻게 하겠습니까."

그리고 누가복음 23장, 24장을 펴놓고 계속 읽는데 예수님의 십자가 사건이 눈에 들어왔다. 눈물을 글썽이면서 "하나님, R1 힘들어 죽겠어요. 하기 싫어요. 한국 가고 싶어요. R2, 부러워 죽겠어요. R2를 보면 한국 다시 들어가기도 그렇고…. R1, 힘들어요. R2, 너무 부러워요" 하던 그때, 마음속에 주님의 음성이 들렸다.

"R1, 힘드나?"

"힘듭니다."

"R2 부럽나?"

"부럽습니다."

"내가 R1이야. 십자가에서 내가 R1이야. 그래서 네가 R2지."

그 음성을 듣게 되었을 때 "오, 주님!" 하며 얼마나 울었는지 모른다.

'이 간단한 원리를 잊고 내가 지금 뭐하는 거야. 십자가만 바라보면 될 것을, 어떻게 이 간단한 원리를 잊어버렸지?'

그리고 그 자리에서 고백과 함께 결단했다.

"주님이 R1이고 제가 R2지요. 맞습니다. 너무 좋아요. 네, 제가 절대로 받을 수 없는 R1을 기적적으로 받아 미국 살리려고 여기 들어왔고, 여기에 뭔가 하나님의 뜻이 있음을 믿습니다. 이 환경, 핍박 아무것도 아니에요. 훌훌 털고 일어날게요."

순식간의 일이었다. 바로 털고 일어나서 교회로 갔는데 타이밍조차 놀랍게도 그 장로님을 바로 만났다. 또 "언제 가실 거예요?" 하는 장로님 손을 꽉 잡고 "장로님, 기도 많이 해주세요. 장로님의 기도가 필요합니다. 장로님 기도 많이 해주시면 제가 빨리 나갑니다" 하니 장로님이 당황해했다. 나중에는 만날 때마다 "장로님, 필승!" 했더니 장로님의 눈빛이 마치 쯧쯧하며 혀를 차는 것만 같았다.

그때부터 감사가 쏟아졌다. 가진 게 너무 많은데 내가 왜 3개월 동안 헤매고 허송세월했던 것일까. 하나님께서 예수 그리스도가 십자가에서 R1이 되시고 내가 R2 되었음을 깨닫게 하셔서 기뻐하며 다시 일어나니까 그때부터 사명이 회복되면서 교회가 움직이기 시작했고, 나를 핍박하던 장로님도 1년 반 만에 변화되어 나를 전적으로 후원해주기 시작하셨다.

GOGUMA EVANGELISM

2
PART

미국에서
이어지는
고구마전도

4장
고구마전도가 미국에서 통할까?

고구마전도학교를 시작하다

사역을 시작하면서 고구마전도가 과연 미국에 접목될 수 있을까
하는 의문이 있었다. 사람들은 고구마전도가 한국적인 상황에서
나온 것이라 미국에서는 맞지 않는다고 하였다. 이것이 첫 번째 난
관이었다.

그러나 나는 복음이 하나님의 능력임을 깨닫고, '고구마전도'는
단순한 전도 방법이 아니라 한 영혼을 소중히 여기며 전도의 동기
를 부여하여 복음을 전하는 도구이기 때문에, 복음이면 인종과 지
역을 초월하여 전도하기에 충분하다는 확신이 있었다. 그런 믿음
으로 8주 과정의 고구마전도학교를 볼티모어 벧엘교회에서 시작하
게 되었다.

1기, 2기, 3기 계속해서 이어지는 이 학교를 통하여 성도들은 우리를 먼저 사랑하시고 잃어버린 영혼을 찾기 원하시는 하나님의 마음을 공유하게 되었으며, 한 영혼이 얼마나 소중한지 깨달으면서 "고구마전도는 전도 방법이 아니라 영혼을 사랑하여 영혼을 구원하는 전도의 동기부여 학교이며 건강한 신앙인의 기본을 가르쳐주는 학교"라고 모두가 고백하게 되었다.

처음에는 고구마전도학교에 장로님들이 안 들어오시다가 3기 때 마흔두 명의 장로님이 들어오셨다. 그 기수에 내게 늘 "언제 가실 거예요?" 하며 나를 힘들게 했던 장로님도 들어오셨다. 이분은 훈련 받고 싶어서 오신 것은 아니었고 "도대체 고구마전도가 뭔데?" 하면서 들어오셨다.

전도학교에는 실습을 나가는 과정이 있다. 처음에는 이분이 "모르는 사람한테 가서 전도한다는 게 있을 수 없는데, 내가 어떻게 실습을 나가냐"라며 걱정이 태산이다가 실습 후 환한 얼굴로 들어오셔서 간증하셨다. 30년 만에 처음으로, 전혀 알지 못하는 사람에게 "예수 믿으십니까?" 하고 입이 열렸다는 것이다.

전도 실습 현장에서 딸 같은 사람에게 무안과 핍박도 받았다고 한다. 마켓에서 장을 본 짐을 들어주려고 하면서 예수 믿냐고 물어봤는데 "들어주려고 하는 의도가 뭐냐, 예수 전하려는 것 아니었느냐" 하며 막 따지더라는 것이다. 그런데 그 따지는 소리는 하나도 안 들리고 '어, 내가 30년 만에 처음으로 예수 믿냐고 입이 열렸구나'라는 생각에 눈물이 핑 돌면서 그동안 자기가 입을 다물고 있던 것을 회개하게 되었다고 한다.

"이때까지 입을 열지 못한 것은 나의 핑계였습니다. 창피당할까 봐 내가 말을 못 했습니다. 이제 입을 열겠습니다."

전도학교 3기 과정을 마치면서 장로님은 내 손을 잡고 "이런 내용인 줄 몰랐다. 정말 미안하다" 하시며 그동안의 오해를 다 푸시고, 정말 완전히 변화하셨다. 그뿐 아니라 그 뒤로 든든한 후견인이 되어 사역을 전적으로 지원해주시고, 벧엘교회에 있는 동안 내가 신학을 공부할 수 있도록 음으로 양으로 많이 돕고 격려해주셨다.

사랑나눔 전도축제

고구마전도학교가 진행되면서 성도들이 움직이기 시작했고, 그런 가운데 불신자 초청 전도집회의 필요를 느끼게 되었다. 그래서 2002년 11월에 '사랑나눔 전도축제'라는 이름으로 불신자 초청 전도집회를 열기로 했다. 금요일 저녁, 토요일 저녁, 주일예배까지 3일간 하기로 하고, 이를 위해 특별새벽기도회도 하고 3차까지 태신자도 받으며 약 석 달을 준비했다.

그동안 안 해봐서 그런지 처음에는 그리 많이 동참하지 않았다. 이민 사회에서 하루 하기도 힘든데 3일을 어떻게 하느냐는 분도 있었다. 물론 기존 성도들은 힘들지만, 불신자를 기준으로 생각하면 그분들이 시간이 안 되어 못 올 수도 있는 만큼 선택의 기회를 주기 위해 처음이지만 3일 집회를 계획한 것이다.

처음에는 불신자들이 많이 오는 것도 쉽지 않겠지만 횟수가 거듭되면서 열매도 생기고 우리 성도들에게 영적 각성이 일어날 것을 기대했다. 영혼을 불쌍하게 여기게 되고, '아, 교회가 할 일은 영혼을 살리는 것이구나! 주님이 오신 목적이 이거였구나. 영혼을 구원하는 기도가 중보의 꽃인데 내가 지금까지 엉뚱한 기도를 하고 있었구나' 이런 것들을 깨닫고, 자신이 예수 믿는 것을 감사하게 되는 그런 변화들을 기대했다.

드디어 처음으로 사랑나눔 전도축제가 열렸다. 첫째 날 저녁, 본당 800석 정도에 기존 성도 60명과 불신자 25명이 참석했다. 본당은 휑했지만 얼마나 귀한지, 얼마나 감사한지 모른다. 그때 하나님께서 엄청난 기적의 역사로 이 사역에 힘을 실어주셨다.

첫 집회에서 강사로 말씀을 전하는데 예비된 영혼들에게 복음을 정확히 전하고 싶었다. 나는 그동안 전도폭발, 브릿지전도와 사영리로도 복음을 전했는데 고구마전도를 하면서 복음이 어떤 것인가 공통분모를 찾아 그것을 '하나님-인간-예수님-믿음'을 다 이야기하는 '하인예음'의 복음으로 정리했다. 예비된 영혼은 1분 안에도 이 복음을 듣고 예수를 영접하여 하나님의 자녀가 되는 것을 너무나 많이 경험했다. 그날도 이 하인예음의 복음을 전했고, 준비된 영혼들이 일어나 함께 영접기도를 하고 예수를 믿게 되었다.

복음의 능력이 작동한 기적의 현장

영접기도 후 모두 박수하며 하나님께 영광을 돌리고 환영하고 마쳤는데, 회중석 앞줄에 사람들이 모여서 웅성웅성했다. 박용진이라는 교포 2세 청년 때문이었다. 그해 나이 스물여섯인 이 청년은 후천성 시각 장애로 시력을 잃은 지 5년이 지났고, 점자로 공부하여 유명한 버지니아텍에 다니고 있었다.

이민 2세지만 한국어도 잘해서 설교를 다 알아들었는데, 하나님께서 죄인인 자기를 위해 예수님을 보내주시고, 그 예수님이 자기의 죄값을 치르기 위해 십자가에서 생명을 바치시고 부활하셨다는 말을 듣는 순간 자기 삶에 희망이 보였고, 복음을 듣고 '내가 믿어야겠다. 예수님을 붙잡아야겠다' 해서 복음의 초청에 응하여 손을 들고 일어섰다고 한다.

이 청년이 눈물로 예수님을 내 삶의 구주와 주인으로 영접하고 눈을 떴는데, 마치 꿈을 꾸듯 눈앞이 총천연색으로 생생하게 보였다. 눈을 껌벅껌벅하는데 앞에 단상도 보이고 거기 서 있는 강사가 말하는 입 모양과 들리는 소리가 일치했다. 그래서 자기를 데려온 안수집사님에게 내가 앞이 보이는 것 같다고 살짝 이야기했다.

그 집사님은 박용진 청년의 부모님도 알고, 이 청년이 수술도 여러 번 하고 침도 맞고 백방으로 노력했지만 시력을 회복하지 못한 것을 다 아는데 지금 보인다고 하니까 깜짝 놀랐다.

집회가 끝나고 나서도 청년은 눈이 조금씩 더 보이게 되었고, 놀랍게도 까만 눈동자가 조금씩 커지기 시작해서 처음과 확연히 비교될 정도였다. 정말 하나님의 기적 사건이었다.

다음날인 토요일 새벽기도에는 가톨릭 신자인 그의 부모를 비롯해 삼촌, 이모 등 친척 10명 정도가 다 나왔다. 그 기적의 소문을 들었는지 그날 저녁 사랑나눔 축제에는 교인 400명 이상이 참석했다. 기존 성도가 60명 정도 참석한 첫 집회에 하나님께서 놀랍게 역사해 주셔서 성도들이 더 많은 관심을 갖고 동참하는 은혜도 부어주셨다. 나는 복음의 능력이 작동했다고 믿는다. 그리고 복음 전하는 곳에 하나님의 능력이 계속 작동한다는 것을 알고 이것을 더 확신하게 되었다.

전적인 하나님의 은혜로 3일간의 사랑나눔 축제를 통해 기존 성도들에게는 영혼 구원에 대한 영적 각성이, 불신자들에게는 구원의 열매들이 많이 나타났다. 마침내 고구마전도로 미국에서도 동일하게 전도의 불이 활활 타오르는 역사가 시작된 것이다.

5장
여기는 한국 사람이 없어요

우리 교회에 안 올 텐데요?

사역을 시작하면서 두 가지 난관이 있었는데 하나는 고구마전도 가 과연 미국에 접목될 수 있느냐는 의구심이었고, 다른 하나는 성 도들이 "여기는 한국 사람이 별로 없어서 전도할 곳이 없다"라는 말 을 많이 하는 것이었다.

이곳 미국은 160개 민족이 이민 온 나라인데 한인교회가 한국 사 람만 전도하려 한다면 방향이 잘못된 것이 아닌가. 그래서 "여기가 바로 선교지이고 또 많은 민족이 있는데 그들을 대상으로 전도하면 되지 않습니까?" 했더니 다른 나라 사람에게 전도해봤자 우리 교회 에 안 올 것 아니냐고 했다. 성도들이 전도의 목적을 '교회로 데리고 오려는 것'으로 잘못 생각하고 있었다.

전도는 교회로 데리고 오려는 것이 아니라 우리가 만난 예수님을 전하여 생명을 살리는 것이다. 내게 임한 복음을 이웃에게 전하는 것이다. 당연히 우리 한국 사람에게도 전하지만, 내 주변에 있는 모든 다민족에게 복음을 전해야 한다. 그러면 우리 교회로 인도될 사람은 하나님께서 붙여주신다.

나는 성도들이 전도에 대해서 가진 오해들을 풀기 위해 고구마전도학교 강의를 통해 말씀을 나누고, 직접 전도 현장에 나가 다민족을 대상으로 복음을 전하는 데 앞장섰다.

복음 전도는 동시다발적으로

오직 성령이 너희에게 임하시면 너희가 권능을 받고 예루살렘과 온 유대와 사마리아와 땅끝까지 이르러 내 증인이 되리라 하시니라

행 1:8

이 구절에서 '권능'은 엄청난 파워를 뜻하는 '두나미스'라는 단어이다. 예수를 믿는 동시에 우리는 성령 세례를 받아 성령이 우리에게 임재하고 동행하신다. 또한 하나님께서 세상을 이길 힘과 사람을 살릴 권능을 주셨기에 이제 우리는 예루살렘과 유대와 사마리아와 땅끝까지 이르러 예수님의 증인이 되어 사는 것이다. 사람을 살릴 권능, 즉 복음으로 이웃을 살려야 하는데, 그 대상이 예루살렘과

유대와 사마리아와 땅끝이라는 것이다.

그런데 예루살렘 먼저 하고 유대, 유대를 하고 나서 사마리아, 사마리아를 하고 나서 땅끝을 하는 것이 아니다. '예루살렘과 온 유대와 사마리아와'에서 '와'라는 접속사의 원어 '카이'(καί)에는 '동시다발적으로'(at the same time, simultaneously)라는 의미가 있다. 즉, 예루살렘을 하면서 유대도 하고 동시에 사마리아와 땅끝도 해야 한다는 것이다.

가까이 내 부모님, 내 가족에게도 해야 하고, 주변의 내 친구들과 직장 동료, 이웃에게도 해야 하고, 출장을 간다든지 하면 어느 지역에 가든 만나는 사람들에게 해야 하고, 더 나아가 다른 민족에게도 하고 단기선교로 선교지에 가서도 해야 한다. 이렇게 동시다발적으로 할 때 예루살렘으로 집중된다는 사실을 나는 많이 경험했다.

나의 예루살렘 : 부모님

내게 예루살렘은 부모님이었다. 내 부모님은 47년을 절에 다니셨는데 새벽마다 절에 다녀오시고 보살 이름만 다섯 개에 사월 초파일이면 가장 크고 비싼 등을 사서 자식, 손자 이름 다 적어 올리고 3주 전부터 절에 들어가 땀 뻘뻘 흘리면서 열심히 보시하고 봉양하는 분들이었다. 내가 예수를 믿고 나서 전도에 열심을 낼 때 가장 먼저 생각나고, 전도하려고 가장 애쓴 대상이 부모님이었지만 도무지 전도가 안 되었다.

회사 동료도 전도하고 이웃 사람들도 전도하고 토요일에도 전도를 나가고 중국 단기선교도 갔는데 전하고 올 때마다 '아, 우리 어머니는…' 하는 생각이 들어 어머니께 한 번 더 전화를 드리며 예수 믿으시라고 눈물로 권하곤 했다. 그래도 매번 "고마해라, 됐다. 니 때문에 골치 아프다" 하시니 내가 만일 다른 사람에게 전도하지 않고 어머니만 전도했다면 어머니께 더는 전할 기분이 안 나고 "에이, 정말 고집 세시네" 하고 포기했을지도 모르겠다.

그런데 노방전도하고 직장과 거래처에서 전도할 때마다 '우리 아버지도 예수 믿어야 되는데', '우리 어머니도 저럴 수 있는데'라는 생각이 계속 들었다. 상대방이 예수를 믿든 안 믿든, 복음을 전하고 오면 항상 부모님이 생각났다. 이것이 바로 예루살렘, 사마리아, 유대, 땅끝에 동시에 증인되었을 때 예루살렘에 집중되는 열매이다.

예루살렘에 집중되는 열매 때문에, 복음을 전한 지 5년 만에 나의 부모님도 마침내 예수를 믿게 되셨다. 그 후 어머니는 절에 다니는 친구 17명을 전도하셨다. 부모님이 약 두 달 간격으로 소천하셨는데 나는 마지막 임종을 보게 되었다. 그때 어머니는 "천사가 와서 기다린다" 하셨고, 아버지는 "나는 예수 아니면 없다" 하셨다. 이것이 아무리 부모님 전도가 힘들고 오래 걸려도 우리가 꼭 예수를 전할 이유이다.

만약 나의 예루살렘인 부모님만을 전도했다면 유대부터 땅끝까지 할 수 없었을 것이고, 아마 예루살렘마저 포기했을 것이다. 이것이 바로 '예루살렘-유대-사마리아-땅끝'의 비밀이다. 내가 사마리아와 땅끝을 전도하고 증인이 되면 예루살렘이 생각나게 되고, 예루살렘과 동시에 하고 있으면 이 예루살렘에 파워가 집중된다. 그래서 더 열심을 내게 되고 그 영혼을 향해 내 마음이 더욱 간절해진다.

유대 : 올드타운 축호전도

볼티모어 벧엘교회는 성도가 2천 명 정도 되었다. 교회가 있는 메릴랜드 지역에 한인타운이 없고 한국 사람도 많지 않은데, 그런 지역에서 한인교회에 2천 명이 모인다면 규모가 매우 큰 편이다.

그런데 그런 교회의 전도부가 하는 일이라고는 한인 가게에 목사님 설교 테이프 몇 개 나눠주는 정도였다. 나는 성도들에게 "이런 것은 성도들이 돌아가며 할 수도 있는 일이다. 전도부는 물론 전도도 해야 하지만, 모든 성도가 전도할 수 있도록 행정과 훈련을 뒷받침해주는 부서가 돼야 한다. 전도는 전도부 뿐만 아니라 교육부, 성가대, 봉사부 등 모든 부서가 다 해야 한다"라고 늘 강조하고 권면했으나 그 말이 별로 와 닿지 않았는지 "여기는 한인이 없어서 전도할 데가 없다"라고만 했다.

미국에 있는 한인교회가 한인만 전도하려 한다면 선교는 왜 하는가? 160개 민족이 미국에 다 들어와 있어서 여기가 바로 선교지인데. 나는 미국에서 전도하면서 67개국 사람을 만났는데 교인들에게 물어보면 대부분 4개국 정도를 만났다고 한다. 관심만 있으면 20개국 정도는 금방 만난다. 뉴욕에서 전철을 타면 거의 다민족이라 영어 듣기가 힘들 정도이다. 그런데 한국 사람이 없어서 전도할 데가 없다니 나는 그 말에 마음이 너무 답답했다. 여기는 흰 고구마, 검은 고구마, 노란 고구마, 보라색 고구마… 너무 많은데.

벧엘교회가 위치한 그 주변은 올드타운이었는데 그 지역에는 백인 노인들이 많이 살고 있었다. 그곳에서 전도팀들과 축호전도를 하려고 했는데, 성도들이 미국에서 초인종을 누르며 집집마다 다니면서 전도를 하면 그 집 주인이 신고할 경우 경찰에 잡혀간다고 말했다. 나도 처음에 그런 줄 알았는데 월요일에 집에서 쉬고 있자니 여호와의 증인들이 벨을 누르고 다녔다. 그들은 왜 안 잡혀가나 했는데 알고 보니까 축호전도를 하기 싫어서 그렇게 말한 것이었다.

그래서 성도들이 전혀 해보지 않은 축호전도를 시작했다. 예수 안 믿는 사람은 바로 거절했다. 그러면 그뿐이다. 반면 집으로 들어오라며 반기는 노인분들도 많았다. 집에 들어가니 자기 이야기를 하면서 필요한 생활용품 좀 사다달라고 부탁하는 분들도 있었다. 그 부탁을 들어주면서 복음을 전했고 예수를 영접하는 열매도 많았다. 올드타운에 거주하는 백인 노인분들을 위한 새로운 사역이 시작되었다.

성도들에게 이렇게 다민족을 전도하면서 어떤 느낌이 드냐고 하니까 '내 바로 옆에 있는 한국 사람에게 왜 전하지 않았지'라는 생각이 들었다고 했다. 이것이 바로 예루살렘에 집중되는 열매이다. 성도들이 그렇게 변하기 시작했다.

사마리아 : 다운타운에서 만난 에릭

메릴랜드에 볼티모어 항구가 있는데 그곳 다운타운은 살인사건도 많이 나는 아주 험악한 곳이다. 사역 초기에 헌신된 집사님 한 분에게 같이 전도 한 번 하시자고 했더니 그 분이 흔쾌히 허락해주셔서 수요일에 가게 문을 닫고 함께 그곳으로 나가보았다.

한인 가게들을 둘러보니 구멍가게 같은 식료품 잡화점(grocery)들이 있는데 문이 다 창살로 되어 있어서 감옥 같고, 계산하는 곳은 사방으로 철창이 둘린 전당포 같았다. 가게 앞에서는 학교도 다니지 않는 12-16세 가량의 흑인 아이들이 마약을 하기도 하고 마약장사도 하고 있었다.

거기서 열여섯 살 된 에릭이라는 아이를 만났다. 아버지는 술주정뱅이이고, 자기는 초등학교를 1년 다니다 여덟 살부터 안 나갔다고 했다. 물론 처음에는 대답도 안 하다가 우리가 매주 정기적으로 와서 호의적으로 대하고 과자도 사주면서 말을 거니까 우리를 알아보면서 조금씩 마음 문을 열고 대화도 하기 시작했다. 그러다가 내가 하인예음의 복음을 제시했을 때 아이는 울면서 예수님을 영접했다.

술주정뱅이 아버지가 무서워서 집에는 못 들어간다기에 나는 주변에 있는 흑인 교회로 에릭을 데리고 갔다. "이 아이가 예수를 영접했다" 하면 굉장히 기뻐할 줄 알았는데 교회에서 만난 흑인 목사님은 한국 사람이 여기까지 들어와서 뭐하냐고 막 야단을 쳤다.

그래서 "목사는 사람을 살려야 되는 거 아니냐. 이 아이가 처음에는 마음 문도 열지 않고 마약을 팔고 있었는데 내가 일주일에 한 번씩 와서 대여섯 번을 만났다. 어떻게 교회에서 이 아이를 방치하고 그대로 두냐. 여기서 안 하니까 한국 사람이 하는 거 아니냐" 했더니 이 흑인 목사님이 "아, 내가 잘못 생각했다. 미안하다" 하면서 손을 잡고 사과했다. 그래서 아이를 소개하고 인계하여 함께 기도해주고 돌아왔다.

그런데 주일 오후에 이 흑인 목사님이 교회로 나를 찾아왔다. 생각할수록 감사해서 인사를 전하러 왔다는 것이다. 이 일을 계기로 성도들이 '아, 한국에서 온 지 얼마 안 된 저 김기동 간사도 흑인 지역에 들어가서 전도하여 저렇게 열매가 있구나. 바로 옆에 미국 사람, 인도 사람이 가까이 사는데 우리도 다민족에게 전도해야 되겠구나' 하고 깨닫기 시작했다.

사마리아 : 10여 년을 기다린 중국 여인

한 번은 마켓에서 만두를 고르고 있는 젊은 중국 여성에게 말을 걸었다. "어느 만두가 맛있냐", "어떻게 요리해 먹으면 되느냐" 물었는데 친절하게 가르쳐주기에 고맙다 인사하고, 하나 물어볼 게 있다면서 혹시 예수를 믿느냐고 물어보았다. 그러자 이 여자분이 30초 정도 가만히 있더니 자기 이야기를 털어놓았다.

이분은 고등학교 때 미국에 이민을 와서 처음에는 교회를 다녔는데 대학에 가면서부터 교회를 나가지 않았다. 그래도 결혼하고 나서는 마음 한구석에 '누군가가 나에게 예수 믿자, 교회 가자고 하면 그때 꼭 간다' 하고 있었는데, 30대 중반이 된 지금까지 아무도 자신에게 그런 말을 하지 않았다고 한다. 그런데 내가 예수 믿냐고 물어보았을 때 가슴이 먹먹해지고 '내가 이제 예수님을 진짜 믿어야 되나 보다. 지금 교회를 꼭 나가야 되나 보다'라는 마음이 들었다는 것이다.

식은 고구마, 그러나 갈급한 영혼이었다. 그래서 내게 1분만 시간을 내달라 하여 하인예음의 복음을 전했다. 이분이 울며 영접기도까지 하고 자기 동네에 있는 중국 교회에 나가겠다고 하여 축복하고 헤어졌다.

고구마전도에서는 전도지를 나눠주는 전도는 잘 하지 않는다. 상대에게 전도하러 왔다는 것을 드러내기보다 표 안 나게 자연스럽게 전도하는 것이 고구마전도이다.

마트에 왔다면 카트를 몰고 같이 들어가서 필요한 물건도 담고 두루 다니다가 옆 사람과 자연스럽게 대화를 시작한다. 이 중국 여성에게 했듯이 이 음식을 먹어보았는지 또는 이 물건을 사용해보았는지, 어떤 물건이 좋은지 등 상품에 대한 공동 관심사로 말문을 트고 나서 "하나 여쭤볼 것이 있는데 혹시 예수님 믿으세요?" 하면 그들은 '이 사람이 전도하러 나왔구나'라고 생각하는 것이 아니라 '아, 이 사람이 장을 보러 나왔는데 크리스천이구나'라고 생각하게 된다. 그렇게 말을 걸어서 긍정적인 반응을 보이는 익은 고구마를 발견하면 1분만 시간을 내달라고 하여 '하인예음'의 복음을 말해주면 된다.

실제 전도 현장에서 짧은 중국어지만 네 마디의 영적 젓가락으로 중국 사람들도 찔러보았다. 약 천 명 이상을 열심히 찌른 결과, 60명의 중국인이 전도되어 교회로 왔다. 이 사람들이 정말 믿고 싶은데 중국 교회를 못 찾으니까 한인교회에 나온 것이다.

예루살렘의 소중함에 눈뜨다

미국이 이렇게 땅덩이가 넓은데 한국 사람이 내 가까이에 얼마나 많겠는가. 한국 사람만 찾아서 전도하려고 한다면 아마 전도도 안 하게 되고 교회만 왔다 갔다 하기 쉽다. 그런데 내가 비록 언어는 부족해도 옆에 있는 미국 사람, 중국 사람, 인도 사람, 알바니아 사람, 중동 사람, 러시아 사람, 히스패닉계 사람들에게 조금이라도 전한다면 그 사람들도 구원받을 것이고, 나는 내 옆에 있는 한국 사람이 더 귀하게 생각될 것이다. 내 주변에 전도할 한국 사람이 한 명이라도 있다면 그 사람에게 전도할 마음이 더 집중되지 않겠는가.

나의 이 생각에 동조하는 분들이 늘어나면서 다민족 현장전도를 할 수 있는 여건이 만들어졌고 그래서 실제로 미국 대형 쇼핑몰이나 사람들이 많이 모이는 곳에서 다민족에게 전도하기 시작했다. 미국에 오래 사신 분들은 대개 영어를 잘하셔서 미국인에게 전도하는 데도 별 어려움이 없었다. 그러자 성도들은 고구마전도의 네 마디만 간단히 전하고 인사하고 헤어지더라도 '내 이웃이나 내 옆에 있는 한국 사람이 귀하다'라는 것을 마음에 새기게 되었다. 이 눈을 뜨는 것이 전도에서 얼마나 중요한지 모른다.

이민교회나 한국 사람이 많지 않은 지역의 한인교회에서 한국 사람이 없어서 전도를 하지 않고 있다면 자신도 모르게 영적으로 가라앉게 된다. 그런데 정말 어버버하면서 말이 잘 안 통해도 다민족에게 복음을 전할 때, 잃어버린 영혼에 대한 간절함과 그 영혼의 소중함을 깨닫게 되었다. 그리고 옆에 있는 한국 사람에게는 한국말로 할 수 있으니 전혀 망설이지 않고 바로 "예수님 믿으십니까?"라고 할 수 있게 된다는 것을 모두가 알게 되었다. 놀라운 변화였다. 이것은 교회의 엄청난 영적 파워로 일어난다.

6장
목회자의 길로 부름받다

신학 공부를 시작하다

활발한 전도를 통해 고구마전도가 한국적인 것만이 아니라 인종과 지역을 초월하여 누구에게나 통한다는 것이 증명되었다. 그렇게 사역하는 가운데 나는 교회의 배려로 신학을 공부하게 되면서 켄터키주에 있는 남침례신학교(The Southern Baptist Theological Seminary) 목회학 석사 과정에 입학하게 되었다. 목회학 석사 과정을 M. Div(Master of Divinity)라고 하는데 미국 신학교의 이 과정이 얼마나 힘든지, 속된 말로 "M. Div(엠디뷔)는 디비지는 코스"라 부르고 싶을 정도였다.

신학교에서 리트릿을 갔을 때 나이든 미국 목사님과 한 방을 썼다. 미국에서도 아주 가난한 웨스트버지니아주에서 30년 동안

2,30명과 고생하며 목회하는 목사님이셨다. 아침이 되자 그 시골 목사님이 일어나 스트레칭을 하면서 첫 마디가 "Thank you, Lord"(주여, 감사합니다)였다. 나는 그 당시 너무 힘들어서 깨자마자 "아이고, 죽겠다" 할 뻔했는데 옆에서 먼저 "Thank you, Lord" 하는 바람에 그 목사님을 바라보며 "Ah! me, too"라고 했다.

아니, 그 고생을 하면서 어떻게 일어나자마자 첫 마디로 "Thank you Lord"를 고백할 수 있을까. 목사님은 "오늘 하루는 주님이 주신 선물이다. 내 심장을 뛰게 해주시고 오늘 하루도 시작하게 해주신 것이 선물이다. 내가 주님에게 해드릴 게 없는데 선물을 받았으니까 하루의 첫마디로 감사를 고백하는 것이다"라고 하셨다.

감사로 입을 열고 하루를 시작하면 그날은 감사로 충만해질 것을 믿는다. 하나님의 사랑이 함께하기 때문이다. 감사할 것이 있을 때 감사하는 것은 누구든 할 수 있다. 감사할 것이 없어도 하나님의 사랑을 알고 감사하는 것은 쉽지 않지만, 아침마다 입술로 고백하면 이것이 기쁨을 창출해내고 감사를 이끌어낸다.

그 후로 나도 지금까지 아침에 일어날 때마다 가장 먼저 "주님, 감사합니다"라고 고백하고 있다. 신기하게도 감사는 감사를 낳아서 감사가 하늘의 언어인 줄을 알게 됐다. 우리 모두 아침에 눈 뜨자마자 "밖에 비 오나?" 이러지 말고 "주님, 감사합니다"로 시작했으면 좋겠다.

소중한교회 개척

사역과 공부를 병행하는 어려움 속에서도 주님의 은혜로 목회학 석사 과정을 잘 마치고 2007년에 목사 안수를 받았다. 계속 다민족을 전도하다가 이슬람을 품게 되면서 중동지역에서 선교하시는 선교사님들을 위해 중보하게 되었다. 얼마나 지쳐 있을까, 얼마나 어려운 상황일까 생각하다가 2006년에 주님의 인도로 두바이에서 '이슬람 선교사 재충전 수련회'를 열었고, 이를 시작으로 매년 1회 나라 별로 선교사 재충전 수련회가 이어지게 되었다.

한편 나는 기도 중에 교회 개척의 소명을 받았다. 많은 집회를 하면서 하나님나라의 큰 그림은 가지고 있었지만 현미경으로 보듯 한 사람이 변화되는 모습을 보고 싶었는데 그것이 개척의 동기가 되었다. 작지만 건강한 교회를 세우고 싶었고, 처음부터 수평 이동을 받지 않으며 불신자와 교회에서 상처받고 쉬고 있는 사람들을 전도하는 교회를 시작하고 싶었다. 그러자면 그곳은 한인교회가 없는 도시, 교회 다니지 않는 분들을 찾아낼 수 있는 잠재된 지역이어야 했다. 이것은 하나님께서 주신 생각이기도 했다.

그러나 현실적으로는 매우 어려울 것이고 교회의 성장과 부흥도 더딜 것이라 예상했다. 그래서 아내와 상의하면서 "우리가 3년 정도, 정말 손가락 빨 생각을 하면서 하자. 그러나 3년까지 자립이 안 되면 성도들도 고생이니까 그때도 전혀 자립이 안 되면 성도님들한테 정식으로 사과하고 건강한 교회를 정해서 같이 옮기고 우리는 살짝 빠져나오자" 그런 결의를 하고 개척을 하게 되었다.

볼티모어 벧엘교회에서 8년간의 사역을 마친 후 교회가 있던 동부 메릴랜드 지역을 떠나 멀리 서부 LA지역으로 이사했다. 1년 동안 기도로 준비하며 사람들을 만나 전도하고 6명으로 교회를 시작하게 되었다. 생전 새벽기도도 안 해본 이분들과 21일간 다니엘 특별새벽기도를 하고 함께 금식하며 개척준비 기도모임을 했다.

2011년 2월, 한인교회가 없는 브레아(Brea, 오렌지 카운티 소재)시에서 '한 영혼을 소중하게 여기는 영혼 사랑 공동체'를 비전으로 하는 '소중한교회'(남침례교단)가 시작되었다.

교회의 훈련과 성장

소중한교회를 시작하면서 목회 철학은 훈련을 통해 예방 주사를 놓는 예방 목회를 하는 것이었다. 그래서 부족하고 연약한 성도들이 삶 가운데서 하인예음의 복음 앞에 계속 서게 하고, 복음 앞에 섰을 때 그 복음의 능력이 그들의 삶에 작동되어서 정말 자연스럽게 복음을 전할 수 있는 성도가 되도록 아비 된 심정으로 가르치고 양육하기를 소원했다.

교회의 전도 비전은 '고구마전도학교를 통한 전도자 개발', 선교 비전은 '교단과 교파, 선교단체를 초월하여 이미 보내진 선교사와 그 가족을 재충전하는 선교사 재충전 수련회'였다. 이 두 비전을 먼저 개척 멤버들과 나누었고, 전도 받고 온 사람들에게는 새 가족반을 통해 나누어서 곧바로 8주간의 고구마전도학교로 연결하여 등록 교인들 모두 필수로 받게 하였다.

교회를 시작하고 나서 보니까 드러나지 않고 미국 커뮤니티 속에 있는 한인이 상당히 많았고, 교회에서 싸우는 모습과 가정에서 부모의 신앙생활을 보면서 크게 실망하여 교회를 떠난 1.5세, 2세 자녀들도 많았다. 그런 분들을 찾아내어 전도했더니 교인들의 약 80퍼센트가 믿지 않았거나 오랫동안 교회를 떠나 있던 분들이었다.

1년 후 교인이 많아지면서 예배 장소가 비좁아져서 다시 한인교회가 없는 플라센티아(Placentia)라는 도시로 옮겼고, 6년 후에 건물 계약이 만료되어 역시 한인교회가 없는 욜바 린다(Yorba Linda)라는 도시로 이전하여 지금까지 건강하게 성장하고 있다.

산상 기도

오렌지 카운티 지역에 22개 도시가 있는데 개척할 때부터 이 지역의 영적 성시화(聖市化), 복음화를 위해 기도 모임을 시작했다. 개척 교회이고 교인 수가 얼마 되지 않지만, 성도들의 영적 시야를 넓히고 '내 교회'라는 개념을 뛰어넘어 이 지역을 위해서 해야 할 일은 복음화를 위한 기도이며 이는 하나님께서 기뻐하시는 일이라는 비전을 성도들과 함께 나누었다. 이것을 이루시는 분은 하나님이심을 믿고 도시를 위한 기도 모임을 시작한 것이다.

매달 첫째 토요일 아침 8시, 도시가 훤히 내려다보이는 산 위에 올라가 원을 그려 도시를 내려다보면서 손을 들고 기도한다. 도시가 거룩해지고 복음화가 이루어지며 교회마다 성장하게 해달라고, 삶의 현장에서 지역 교회의 모든 성도가 시험에 들지 않게 해달라고, 악에서 구하고 보호해주시며 그 자녀들이 영적 방해에서 승리하게 해달라고. 그렇게 기도한 시간이 9년째이다.

운동하러 올라온 미국인들이 지나가다가 무엇을 하고 있느냐고 물어서 "지역을 위해서 기도한다" 했더니 감사하게도 그들도 같이 동참해서 기도한 적도 있다. 개척하여 지금까지 날씨가 어떻든 한 번도 빠지지 않고 매달 첫째 주 토요일이면 산 위에 올라가서 기도한다.

이 기도 모임을 통해 우리 성도들은 하나님나라를 넓게, 크게 보면서 지역 전체를 품고 기도하며, 눈으로 보이는 것은 그리 많지 않지만 우리 기도 때문에 이 지역이 평화롭고 교회마다 성장하고 악한 영들이 물러가는 것을 확신하고 있다. 아말렉과의 싸움에서 여호수아의 칼이 아니라 모세가 올린 기도의 손이 이겼다는 것을 항상 염두에 두고 기도하고 있으며 앞으로도 계속 그렇게 기도할 것이다.

7장
선교사 재충전 수련회

하나님나라를 위한 연합과 섬김

소중한교회의 선교 비전은 교단과 교파를 초월해서, 이미 선교 현장에 파송되어 사역하며 지쳐 있는 선교사들과 그 가족이 새 힘을 얻도록 그들을 재충전하게 하는 것이다. 그 구체적인 실천 노력으로 매년 고구마글로벌미션과 협력하여 선교사 재충전 수련회를 열고 있다.

성도들이 특별헌금을 하고 약 100명의 자원봉사자가 선교지로 들어간다. 참가 신청을 받을 때 아이들의 나이와 아기들이 먹는 우유 종류도 조사해서 그 우유까지 다 준비해간다. 그래서 젖먹이부터 초등부, 중등부, 고등부까지 선교사 자녀들을 맡아서 돌보고 그에 맞는 프로그램 또한 전문사역자들과 함께한다. 동시에 선교사

부부는 강의에 온전히 집중하며 은혜받고 현장전도도 경험하며 재충전하게 된다.

물론 이 사역도 보통이 아니지만 소중한교회가 이 사역의 많은 부분을 감당하고 있는 가운데 점차 이 일에 동참하여 협력하는 교회가 생기고 있어 감사하다. 그 대표적인 교회로 배곧좋은교회(담임목사 박요셉)의 협력은 동역이 무엇인지 깨닫게 해준다. 인천평강교회(담임목사 박희정)의 영성, 탁월성, 전문성을 갖춘 찬양팀 동역은 떼려야 뗄 수 없는 귀한 동역임에 감사한다. 미국의 시카고헤브론교회(담임목사 임철성)는 여러 달란트를 가진 자원봉사자들이 함께하고 있다. 덴버한인교회를 비롯하여 동역교회들과 자원봉사자들이 이름도 빛도 없이 동역함에 주님께 영광을 돌린다.

선교사 재충전 수련회 이틀째 밤에는 선교사와 가족이 모두 참석하는 음악회 시간이 있는데 달란트 있는 분들, 유명한 CCM 사역자 분들이 자원봉사자로 와서 같이 공연하기도 한다. 이 책을 읽는 독자 여러분도 함께 기도해주시고 기회가 된다면 자원봉사자로 동참하고, 달란트 있는 분들은 자비량으로 와서 함께해주시기를 바란다.

이슬람을 품게 되다

이 선교사 재충전 수련회는 벧엘교회에서 사역할 당시, 다민족을 전도하면서 이슬람을 품게 된 일에서 비롯되었다.

미국에서 다민족을 전도하다보니 흑인이나 인도인 중에 무슬림이 많아 깜짝 놀랐다. 만난 사람의 20퍼센트가 무슬림이었다. 기독교 국가인 줄 알았던 미국이 선교지라는 사실에 눈이 뜨이게 되었다. 이슬람의 양대 교파인 수니파(순니파)와 시아파는 서로 죽일 듯이 싸우는 종파인데 선교에서는 손잡고 있으며, '이슬람 선교사'라고 대놓고 말하지는 않지만, 미국에 이슬람 선교사가 1년에 만 명씩 들어온다는 사실도 알게 되었다.

그들은 똑똑한 한국인이나 인도인에게 1년에 4-5만 달러의 장학금을 주며 무슬림으로 만든다. 교육받고 사인하고 한 번씩 이슬람 사원에 가서 이맘(이슬람 지도자)에게 배우면 1년에 4만 달러씩 학비를 대주니 종교 없는 사람 같으면 넘어갈 수 있지 않겠는가. 실제로 존스 홉킨스 대학에서 박사 학위를 받는 어떤 한국 사람도 그런 경로로 무슬림이 되었다고 한다.

미국에 들어온 지 3개월 만에 전도 현장에서 이러한 사실을 보고 듣고 알게 되면서 충격을 받았다. 그리고 '아, 무슬림 전도하기가 너무 어렵구나, 저 무슬림이 돌아오면 너무 귀할 텐데' 하다가 중동에도 관심을 갖게 됐다. 기도하는데 성령께서 '중동에 나가 있는 선교사들과 자녀들이 그곳의 삶 가운데서 얼마나 힘들까, 얼마나 큰 고통이 있을까' 하는 생각을 주셨고 선교사님들이 큰 고통 중에 있는 것이 보이기 시작했다.

'하나님과 나의 관계는 나와 이웃의 관계와 동격인데, 선교사님들이 이슬람 문화권에서 이웃 관계가 단절되고 대화도 없이 외롭게 생활할 때 하나님과의 관계가 소원해지면 어떻게 될까? 그러면 좌절하고 가정에서 자녀들과의 관계나 부부 관계에서도 문제가 올 수 있겠다. 악한 영들이 그런 공격을 하겠구나.'

두바이에서 비전을 나누다

이 선교사님들을 어떻게 하면 영적으로 살릴 수 있을까. 복음밖에 없었지만 내가 어떻게 이슬람권 선교사들에게 가서 무엇을 좀 하자고 할 수 있겠는가. 그래서 하인예음의 복음을 나누고 싶다는 소원을 품고 성도들과 중동지역 선교사들을 위해 간절히 중보기도 하고 있었다.

그러던 중에 CBMC(기독실업인회)를 통해 당시 국제적으로 급부상하기 시작한 두바이에 예배를 허락받은 한인교회가 하나 있다는 사실을 알게 되었다. 그 교회에 타진하여 집회를 허락받아, 2006년에 두바이한인교회(담임목사 신철범)에서 부흥회를 한 후 성도들에게 이렇게 나눴다.

"선교지의 한인교회는 우주에 나가 있는 우주선들이 와서 재충전하고 공급받고 다시 나가고 다시 들어오고 하는 우주정거장과 같습니다. 그래서 선교지의 한인교회 성도는 나 한 사람 신앙생활하는 정도가 아니라 모두가 선교사이고, 또 여기 파송된 선교사님들에게 영적으로 공급하고 위로하고 삶에 힘을 주는 역할을 해야 할 것 같습니다."

"미국과 한국에서 도저히 할 수 없는 일인데, 여기 선교지 교회에 있는 성도들이 주변에 계신 선교사님들을 며칠이라도 초청해서 쉼을 갖고 재충전하게 해드리는 역할을 한다면 하나님께서 기뻐하실 것 같습니다. 옆에 있는 선교사님들을 잠깐 오게 해서 두바이에서 개인이나 가정별로 섬긴다든지, 영적 재충전을 지원하고 도우면 어떻겠습니까?"

그러자 성도들이 기뻐하고 리더들과 담임목사님이 적극적으로 동의해주셔서, 이 교회에서는 주변 아랍국가 선교사님들을 초청하여 각 가정에서 2박 3일간 숙식을 제공하고 우리는 미국에서 사역팀을 데려와 사역을 지원하기로 하였다.

당시 이슬람 국가가 공식적으로 57개국인데 각국의 선교사님들을 평균 두 가정씩 초청하여 7월에 그분들이 두바이한인교회로 모이게 되었다. 우리 사역팀은 37명 정도가 자비량 자원봉사자로 가서 갓난아기 돌봄과 어린이 사역까지 다 맡았다. 그것이 첫 선교사 재충전 수련회였다. 그때는 이것을 매년 하게 되리라고는 상상도 못 했다.

복음으로 일어서다

선교사 재충전 수련회를 시작했다. 3일 동안 하인예음의 복음을 외쳤는데 선교사님들이 그동안 복음을 너무 등한시했다고 회개하고, 하나님, 인간, 예수님, 믿음으로 흩어져 있던 퍼즐이 온쪽짜리 복음으로 맞춰지니 너무 가슴이 뛴다며 기뻐하고 힘을 얻었다.

사모님들은 울음바다가 됐다. 한 테이블에 커다란 티슈통이 하루에 3개씩 없어졌다. 그렇게 울면서 복음을 다시 한번 깨닫고 복음의 열정이 일어나자 기뻐하면서 마음이 온화해졌다. 나는 치유사역자도 가정사역자도 아닌데, 복음을 전하니 그들이 부부 관계도 좋아지고 가정도 더 화합되었다. 복음이 하나님의 능력임을 다시 한번 깨닫고 체험하는 현장이었다.

한편 고구마전도학교 교재를 아랍어로 번역해 한글판 교재, 영어판 교재와 함께 제공하고, 미국에서 무슬림에게 복음을 전한 사례와 열매를 나누었다. 이슬람 선교에서는 현장전도가 어렵고 선교사님들도 영적으로 많이 눌려 있다. 단기선교 하러 온 사람들은 전도하고 가버리면 되지만 이분들을 여기 남아 있어서 추방되거나 어려움을 당할 수 있다. 그러다보니 개인전도가 전혀 이루어지지 않고, 전도를 못 해서 영적으로 가라앉고, 보이지 않는 하나님과의 관계가 소원해지면서 보이는 부부 관계도 멀어지게 된다.

결국 사역 자체가 선교인 줄 알고 일하는 분들이 많았다. 사역을 통해서 한 영혼을 살리고 구원하는 것이 선교인데, 전도가 어렵고 열매도 없어서 영혼 구원 부분이 닫혀 있다보니까 결국은 복음의 메신저로 들어갔다가 선교의 매니저가 되고 만다. 이 모두가 개인전도가 안 되는 데서 오는 결과임을 알게 되어 마지막 날에 실제로 현장전도를 나가기로 했다.

두바이에서 개인전도를 나가다

다들 여기서는 절대 전도를 할 수 없고, 전도하다가 추방당한다면서 이슬람권 현장전도를 두려워했다. 그러나 고구마진도는 표시가 나지 않는다. 커피숍에 가서 커피 마시다가 종업원에게 "여쭤볼게 있는데요, 혹시 예수 믿으십니까?" 해서 "우리는 알라신 믿고 코란 읽는다" 하면 그러시냐고, "그래도 꼭 한번 믿어보라, 너무 좋다" 하고는 계속 커피를 마시는 것이다. 그러면 선교사라고 생각하기보다는 '외국인들이 여기 왔는데 크리스천인가보다' 이런 정도로 여긴다.

그래서 표 안 나게 2인 1조로 쇼핑몰에 나가 딱 1시간 전도하고 왔다. 선교사님들이 처음에 전도 나갈 때와 전도 후 돌아올 때의 표정은 천지 차이였다. 놀라운 결과가 있었다. 선교사님들은 얼굴이 환해지고 가슴이 뜨거워져서 돌아왔다.

'익은 고구마'는 예수를 믿지는 않지만 마음 문이 조금 열려서 기독교에 긍정적인 반응을 하는 사람, 복음을 전할 가능성이 있는 사람이다. 전도 나가기 전에 이슬람 중에 익은 고구마가 얼마나 있을 것 같냐고 물어봤더니 선교사님들이 대략 0.01에서 많으면 0.03퍼센트를 예상했다. 천 명에 두세 명이니 거의 없다는 뜻이다.

그런데 돌아와서 신이 나서 보고한 바에 따르면 익은 고구마가 13퍼센트였다. 내가 부산에서 전도해보면 부산은 익은 고구마가 약 5-7퍼센트인데 이슬람 지역인 이 두바이에서 익은 고구마가 13퍼센트라는 것이다. 이 현장전도를 통해 선교사님들이 모두 도전을 받고, 전도의 가능성을 경험하고 살아나는 역사가 있었다.

다른 선교지의 형편은 어떨까?

수련회를 마치고 뉴욕으로 돌아오는 동안 고민에 싸였다.

'다른 선교지는 어떨까. 이슬람권만 그렇겠나….'

이슬람권 선교사 재충전 수련회를 이렇게 한 번 하려고 했는데 다른 선교지는 과연 어떨까 싶어진 것이다. 복음을 통해 다 회복된다면 다른 선교지에서도 똑같은 영적 현상이 일어날 것 같았다.

결국 이듬해 고구마글로벌미션 주최로 아르헨티나의 부에노스아이레스에서 '남미 선교사 재충전 수련회'가 열렸다. 고구마전도학교 교재를 스페인어로 번역해 우리말 교재와 함께 제공하고, 자원봉사자들이 자비량으로 2박 3일간 함께 섬겼다. 예상대로 두바이에서

와 동일한 역사가 일어났다. 지쳐 있던 선교사와 그 가족들이 복음으로 다 일어나 회복되었고 현장에서 고구마전도로 복음을 전하며 많은 열매를 얻었다.

그 후 선교사 재충전 수련회를 나라 별로 하기로 하여 지금까지 한 해도 거르지 않고 중미, 태국, 인도, 터키, 인도네시아, 말레이시아, 동부아프리카, 일본, 네팔 등에서 선교사 재충전 수련회를 했다.

매년 정해진 나라에 80-100명의 자원봉사자들이 들어가서 젖먹이 아기까지 책임지고 돌보고, 식재료도 준비해서 8-9회 몇백 명 분의 식사까지 헌신적으로 섬긴다. 그러는 동안 선교사 부부들은 집회와 강의 속에 은혜받고, 마지막에는 현장전도에 참여하여 개인전도의 필요성을 느끼고, 파송 예배 때 눈물바다가 되어 정말 복음의 능력은 예수밖에 없다고 모두의 입술로 고백하게 된다.

선교사 재충전 수련회를 하게 되면 10개월 전에 대상 선교지 나라를 정하고 선교사연합회와 연결하여 그 정한 나라를 6개월 전에 사전 답사하고, 고구마전도학교의 내용을 미리 그 나라 언어로 번역한다. 그리고 정해진 일정에 맞추어 필요한 것을 준비한다.

그렇게 해서 3일간 재충전 수련회를 하게 되면 선교사님들도 회복되지만 고구마전도학교라는 도구를 그분들에게 드려서 사역하고 있는 현지인 교회에 고구마전도학교를 접목하게 하는 것이다. 그 결과 고구마전도학교 교재가 많은 언어로 번역되어 선교지마다 고구마전도학교를 하는 선교사님들이 늘고 있다.

선교사 재충전 수련회의 간증들

그렇게 자주 드나들던 쇼핑몰이었지만 지난 10여 년간 단 한 번도 입을 열 생각조차 못 했는데 오늘 이 짧은 시간에 만나 영적 젓가락으로 찔러본 사람들이 모두 기독교 신앙을 가진 족속의 사람들이라니! 인도네시아 전역의 넓은 땅덩어리 300여 족속 중 대표적인 기독교 부족인 바탁, 무나도, 암본, 말루꾸 사람들을 여기서 만나다니…. 무슬림이 가득한 인도네시아 쇼핑몰에서 손님이든 종업원이든 친절한 웃음과 눈인사로 시작된 짧은 대화가 모두 신앙적인 대화로 이어지고 서로 축복하고 격려하면서 헤어지다니…. 정말 놀라운 경험이었다.

– 인도네시아 J 선교사

선교지에서 15년을 지내며 맨땅에 헤딩하듯 몸으로 체득한 신앙들의 퍼즐 조각들이 그 자리를 찾아 팍팍 맞추어지는 시간이었다. 나름대로 선교사역을 열심히 한다고 하는데 왜 이렇게 힘든지, 생활은 왜 이렇게 막혀 있는지 답답했다. 그런데 개인전도가 없어 선교사역의 동력을 잃었다는 것을 알게 되었다.

'평소 알고 지내던 힌두, 무슬림들에게 어떻게 복음을 전하지? 처음 만나는 사람에게 복음을 어떻게 전해야 하지?'

나를 움츠리고 위축되게 하던 여러 질문으로 수년간 막혀 있던 관이 뚫리는 것같이 나의 답답한 마음이 "뻥" 하고 뚫리는 경험을 했다. 선교사임에도 복음의 입을 열지 못했던 나는 마치 아기가 말문이 열린 듯한 느낌이었다. 또한 '하인예음'의 복음은 복잡하게 생각하고 중구난방식으로 말하던 내게 복음의 복음이 아닐 수 없었다.

- 인도 K 선교사

부담 없이 선교사 표시 안 나게 사람들에게 다가가서 말을 걸고 그동안 붙어 있던 입이 자연스럽게 떨어지는 놀라운 경험을 하게 되었다. '바로 이거다! 내가 이것 때문에 선교사로 왔는데 지금까지 나는 뭐하고 있었지?'라는 생각이 들었다.

- 인도 P 선교사

"나는 지금 왜 이곳에 살고 있는가?"
선교와 목회에 바쁘다는 이유로 나 자신에게 못하고 지나쳤던 질문이었다. 이번 수련회에서 구원이 구조라는 말씀에 하나님께서는 생명 살리는 일은 더 이상 내일로 미루어서는 안 되는 일이라는 것을 강하게 깨닫게 해주셨다. 지난날, 사모가 전도도 못 한다는 말을 들을까봐 성도들과 역으로 전도지를 돌리러 나가는 자리에 나가지 않았고, 따라가더라도 주차를 핑계로 운전석에 앉아 있기만 해서 목사님을 안타깝게 하고 속 썩이는 사람이었는데 오늘은 "예수 믿으십니까?"라는 말만 머리에 가득했다. "예수 믿으십니까?"라는 첫 번째 젓가락을 전도 실습 현장에서 상대방의 눈을 보고 할 수 있어서 너무 기쁘고 감사했다.

- 일본 B 선교사

노방전도를 나가 3명의 일본인에게 "예수 믿으십니까?" 했지만 거부하는 그들을 보며 당황한 나머지 버벅거리면서도 신기하게도 오히려 그 현장에서 영적인 재충전이 되고 힘이 솟는 것을 경험했다. 그동안 하나님은 개인전도에 대해 환경을 탓하고 타협한 내 모습이 얼마나 답답하셨을까 생각하니 눈물과 회개가 더하였다.

- 일본 K 선교사

GOGUMA EVANGELISM

3
PART

온전한 복음의
퍼즐을 맞춰라

8장

우리는 복음을 모른다

반쪽 복음과 온쪽 복음

복음이 뭐냐고 물으면 대개 "기쁜 소식", "예수 그리스도", "하나님의 말씀"이라고 대답한다. 조금 길게 말하는 사람은 "예수님이 우리의 죄 때문에 십자가에서 죽으시고 부활하신 것을 믿으면 구원받는 것"이라고 하는 정도다.

우리 큰애가 정말 믿음이 좋은데 그 애에게 복음이 뭐냐고 물어보니 '예수님이 우리 죄 때문에 십자가에서 돌아가시고 부활하시고 우리가 그것을 마음으로 믿고 입으로 시인하고 영접하면 하나님의 자녀가 되는 것' 아니냐고 하고, 더 말해보라고 했더니 더 이상 말하지 못했다. 믿음이 좋은 사람들도 이 정도로 알고 있다. 이것이 틀렸다는 것은 아니다.

여호와의 증인은 "여호와의 증인이 뭐예요?" 하는 순간 열이면 열, "하나님의 진짜 이름을 아십니까"로 시작해서 장장 30분을 이야기 한다. 거짓과 비진리를 가진 사람이 확신 있게 30분을 떠드는데 진리를 가진 우리는 "기쁜 소식" 이러니까 이단들에게 당하는 것이다.

선악과 사건을 보면 사탄은 하나님의 말씀을 약간 왜곡하고 변형 시켜서 헷갈리게 한다. 복음을 확실하게 알지 못하면 그들이 나보다 훨씬 더 많이 알고 확실한 것 같아서 그들의 말에 넘어가버린다.

'broken English'는 문법이 틀린 게 아니라 긴 문장을 못 하는 것이다. 실력이 없어서 긴 문장이 안 되니까 짤뚝짤뚝 잘라서 말하는 것을 'broken English'라 하는데, 우리의 복음이 그런 복음이 되면 안 된다. 정말 예수 믿는 하나님의 자녀라면 이 복음을 정확하게 알고 내 것으로 가지고 있어야 한다.

세계 3대 복음주의 신학자이며 3대 보수신학자 중의 한 명인 J. I. 패커(James I. Packer)가 복음에 대해서 이렇게 말했다.

"반쪽짜리 진리로 전체인 것처럼 말하는 것은 거짓말하는 것이다."

온쪽짜리 복음의 진리가 있는데 반쪽짜리를 가지고 이것이 복음이라고 한다면 거짓말이라는 것이다.

온쪽짜리 복음을 다 가지고도 입으로 나오지 않는 것은 퍼즐이 맞춰져 있지 않기 때문이다. 복음을 많이 들어서 좀 알기는 아는데 온전한 전체 그림으로 퍼즐을 맞추지 못하니까 틀릴까봐 자신 있게 이야기하지 못하고 복음을 되새기지도 못하는 것이다.

복음을 되새기지 못하면 하나님의 사랑을 알 수도 없다. 성경을 많이 읽으면 하나님에 대해서 많이 알게 되는데 복음이 빠진 성경을 읽으면 머리만 커져 율법주의자가 된다. 그래서 교회에서 지체들을 정죄하고 판단하고 뒷말하는 사람, 기복신앙으로 매양 복 달라는 소리만 하는 사람들이 그렇게 많은 것이다. 예수님이 이 땅에 오신 목적은 그런 것이 아니다. 복음을 알면 절대로 그럴 수가 없다. 우리는 신앙을 바로잡아야 할 시점에 와 있다.

복음은 신앙의 입문 코스가 아니다

복음 자체가 능력이므로 복음을 되새기는 것이 정말 중요한데 사람들은 복음을 '초신자의 기독교 입문서'라고 생각한다. 즉 예수 믿지 않는 사람에게 전할 내용, 그리고 초신자가 오면 가르쳐주는 내용 정도로만 여긴다.

그래서 신앙생활 좀 오래 하고 성경도 꽤 알고 있는 사람들은 '복음 정도는 기본이지' 하면서 복음을 저 밑에 깔아놓고서 봉사하고 성경 분석하고 엉뚱한 것만 엄청나게 한다. 복음을 놓친 채 신앙생활하고 가정생활하고 직장생활하고, 믿지 않는 사람과 똑같이 생활하면서 주일예배만 드린다.

복음을 제쳐둔 것은 사실 기본이 없는 것이다. 기본이 없으면서 엄청나게 벌여놓고 뭔가 해봤자 꼬이기만 하고 문제만 생길 뿐이다. 복음을 놓치면 애먼 짓만 하고 환경에 시달리게 된다. 누구도 예외가 없다.

복음을 알고 그 위에 굳게 선 자는 어떠한 풍파가 와도 이겨내지만 복음을 깨닫지 못한 채 신앙생활하는 자는 자기의(自己義)가 드러나고 인정받기를 구하고 '섭섭병'에 걸리고 토라져서 시험받기 일쑤이다. 복음이 없으면 신앙생활 자체가 힘들다.

복음을 가장 잘 표현하고 있는 성경이 로마서이다. 그렇다면 사도 바울이 로마서를 쓰며 복음을 말할 때 그것이 안 믿는 자에게 하는 이야기라고 생각하는가? 그렇지 않다. 로마서에서 설명하는 복음의 내용은 로마에 있는 크리스천들에게 들려주는 이야기이다.

그러므로 나는 할 수 있는 대로 로마에 있는 너희에게도 복음 전하기를 원하노라 **롬 1:15**

복음은 초신자가 입문할 때 잠깐 듣고 마는 것이 아니라 몇십 년 목회하고 은퇴하신 목사님도 매일 되새겨야 할 기독교인의 본질이다. 우리는 복음에 매일 자신을 비춰봐야 한다. 그렇다면 반쪽짜리 복음이 아니라 온전한 복음을 알아야 한다. 그래야 복음의 거울 앞에 나를 비출 수 있을 것 아닌가. 복음이 무엇인가?

9장

복음은 하인예음이다

하인예음을 모두 말해야 온쪽 복음

복음은 하인예음이다. '하'는 하나님, '인'은 인간, '예'는 예수님, '음'은 믿음이다. 이 네 가지를 다 말해야 복음의 퍼즐이 온전히 맞춰진다. 지금까지 예수님과 믿음만 말했다면 이제 그 앞에 하나님과 인간이 꼭 들어가야 한다. 이것이 온쪽짜리 복음이고 이 온전한 복음의 거울 앞에 우리가 매일 아침마다, 사역하기 전에, 봉사하기 전에 그 앞에 서는 것이다.

하나님은 사랑과 공의, 이 두 가지 속성을 가지셨다. 인간은 모두가 죄인이고 스스로 죄를 해결할 수 없고, 그래서 영원히 죽는다. 예수님은 죄 없는 참 인간이자 참 하나님으로 이 땅에 오셨고, 우리가 해결할 수 없는 죄 문제를 십자가에서 생명 바쳐 대속하셨고, 삼 일

만에 부활하셨다. 믿음에서는 마음으로 믿고 입으로 시인하는 것이 영접이며, 그렇게 하면 하나님의 자녀가 되고 영원한 생명을 얻는다는 것을 이야기한다. 이것이 복음이고 복음의 핵심이다.

하 : 하나님

하나님은 사랑이시다. 그래서 당신과 나를 사랑하신다.
그러나 하나님은 또한 공의로우시기 때문에
우리의 어떠한 작은 죄도 절대로 용서하지 않으신다.

하나님은 사랑이시다

… 이는 하나님은 사랑이심이라 요일 4:8

하나님은 사랑이시라. 이것은 변치 않는 불멸의 속성이다. 우리는 오르락내리락하고 금방 변하고 배신하지만 하나님은 그러지 않으신다. 환경에 따라서 바뀌지도 않으신다. 내 환경이 좀 나쁘면 하나님께서 사랑이 아니신 것인가? 그렇지 않다. 문제가 있어도 하나님이 사랑이시면 그 문제에 사랑이 들어가 있다. 그 문제가 아니었으면 우리가 기도했겠는가? 그 문제 아니었으면 우리가 어떻게 예수를 믿었겠는가? 그 문제 안에 뭔가 하나님의 선한 방법이 있다. 하나님은 사랑이시기 때문이다.

어떤 곳에 처음 갈 때는 지도나 내비게이션을 보고 가야지 감으로, 느낌으로 가면 힘들어진다. '내일'이 내 인생에서 가본 길인가? 처음 가는 길인가? 신앙생활을 감으로, 느낌으로 하지 말고 말씀과 복음으로 하라. 오늘 어떠한 상황이 벌어졌다면 그 상황을 들고 복음 앞에 서서 말씀을 붙잡고 가야 한다.

하나님은 공의로우시다

인자를 천대까지 베풀며 악과 과실과 죄를 용서하리라 그러나 벌을 면제하지는 아니하고 아버지의 악행을 자손 삼사 대까지 보응하리라 출 34:7

곧 이때에 자기의 의로우심을 나타내사 자기도 의로우시며 또한 예수 믿는 자를 의롭다 하려 하심이라 롬 3:26

그런데 하나님은 공의로우신 분이라 어떠한 작은 죄도 절대 그냥 용서하지 않으신다. 우리는 서로 누구 죄가 크니 작니 하고 있지만 하나님 눈에는 오십보백보, 하늘에서 보면 백 층짜리 빌딩이나 초가삼간이나 똑같다. 하나님은 죄를 죄라는 틀에서 그냥 그 죄로 보신다. 죄의 크고 작음이 아니라 죄가 있고 없음을 보신다.

　내 잘못이 적나라하게 드러날 때는 회개를 해야지, 왜 안 도와주
시냐고 따지면 안 된다. 자기 생각대로 유익한 대로 혼자 다 결정
해놓고 나중에 안 돼서 눈물 흘리며 기도하면 그 사람이 믿음이 좋
은 사람인가? 그래놓고는 하나님께 도와달라고 기도하면 하나님
은 뒤처리 요원인가? 처음부터 첫 단추를 잘못 끼운 것이다. 그러니
지금부터라도 하인예음의 복음으로 신앙의 단추를 제대로 끼우라.

인 : 인간

인간은 모두 죄인이다.

인간은 스스로 죄를 해결할 수 없다.

죄인인 인간은 자기 자신을 구원할 수 없다.

이 죄를 그대로 놔두면 인간은 영원히 죽는다.

　인간은 모두 죄인이다. "내가 왜 죄인이냐? 싸잡아서 죄인으로
몰지 마라" 이런 분들이 있다. 본인 나름대로 착하고 양심적으로
잘 살아온 분 중에 그런 생각을 하는 분이 많다. 성경에 죄는 하지
말아야 할 것을 한 죄뿐만 아니라 해야 하는데 하지 않은 죄, 생각
으로 지은 죄, 마음으로 지은 죄도 있다. 자기가 지금 선한 일을 하

고 있다고 생각하기 때문에 죄인임을 인정하지 않더라도 우리에게는 죄성이 다 있고 우리 모두 죄를 짓는다.

모든 사람이 죄를 범하였으매 하나님의 영광에 이르지 못하더니

롬 3:23

전도하기 힘든 사람 중에 아주 착한 사람들이 있다. 그 사람은 법 없이도 살 수 있는데, 예수쟁이를 볼 때 자기보다도 못하다고 여기기 때문에 예수를 안 믿는 것이다. 게다가 세상은 악한데 자기는 착하니까 계속 당하곤 한다. 그런데 예수쟁이한테 당하면 마음이 굳어서 딱 닫히고 만다. 그런 분들에게는 설득하려고 하지 말고 혹시 기회가 되면 태양과 촛불의 비유를 들어주면 좋을 것 같다.

캄캄하고 어두운 방에 촛불을 켜면 밝아진다. 촛불을 100개 켜면 더 밝아진다. 200개 켜면 더 밝아진다. 그러나 아침이 되고 태양이 뜨면 태양 앞에 촛불은 아무런 표시가 나지 않는다. 마찬가지로 우리의 선한 행위는 마치 어두운 방을 밝혀주듯이 사회적으로는 칭찬받을 만하다. 그런데 그 착한 행위도 하나님 앞에서는 표시가 나지 않는다. 아무리 착한 행위를 많이 했어도 하나님 앞에서는 표시가 나지 않는다. 다시 말하면 그 착한 행위는 천국에 들어갈 조건이 되지 못한다.

그렇게 우리 인간은 모두 죄인이고 자기의 죄를 스스로 해결할

수 없다. 아무리 힘이 있어도, 어떤 착한 일을 많이 해도, 돈을 들여서도 이 죄는 해결할 수 없다.

> 누구든지 온 율법을 지키다가 그 하나를 범하면 모두 범한 자가 되나니 약 2:10

> 그러므로 하늘에 계신 너희 아버지의 온전하심과 같이 너희도 온전하라 마 5:48

이 죄를 그대로 놔두면 인간은 영원히 죽는다. 이 죽음은 유신적인 죽음뿐 아니라 영원히 죽는 죽음을 말한다.

> 죄의 삯은 사망이요 하나님의 은사는 그리스도 예수 우리 주 안에 있는 영생이니라 롬 6:23

예 : 예수님

하나님께서 인간의 이러한 상황을 다 아시고
이 땅에 예수님을 보내주셨다.
예수님은 참 인간이자 참 하나님으로 이 땅에 오셨고,
우리가 해결할 수 없는 죄 문제를 십자가에서 대속하셨으며,
삼 일 만에 부활하셔서 하나님임을 증명하셨다.

참 인간

말씀이 육신이 되어 우리 가운데 거하시매 우리가 그의 영광을 보니
아버지의 독생자의 영광이요 은혜와 진리가 충만하더라 요 1:14

예수님은 죄 없는 인간으로 이 땅에 오셨다. 하나님께서 왜 하나님으로 내려오지 않고 인간으로 오셨을까? 하나님으로 오시면 죽을 수가 없다. 그리고 예수님이 인간으로 오셨다는 것은 인간을 대표하는 것이다. 인간의 대표는 인간이라야 하기 때문이다.

예수님은 남녀관계를 통해 오시지 않고 처녀의 몸에 성령으로 잉태되어 열 달을 여자의 배 속에서 자라고 태어나셨다. 인간은 모태에서 열 달 자라고 나온다. 넉 달 만에 나오거나 어느 날 갑자기 툭

나타나 "나는 하나님인데 인간의 모습으로 왔다" 하면 제대로 된 인간이라고 인정할 수 없지 않은가.

대한민국에 자칭 그리스도라고 하는 자들이 제법 있다. 지금도 이단 중에 자기가 메시아라고 하는 사람들이 있다. 메시아는 그리스도라는 말이다. 메시아는 인간의 죄를 대속해야 하므로 죄 없는 인간이어야 하는데, 그러나 그들에게는 죄 없는 참 인간이라는 증명됨이 없다.

참 하나님

> 태초에 말씀이 계시니라 이 말씀이 하나님과 함께 계셨으니 이 말씀은 곧 하나님이시니라 요 1:1

호랑이의 새끼는 호랑이고 사람의 자식은 사람이다. 그렇다면 하나님의 아들은 하나님이라는 뜻이다. 예수님은 3년 공생애 기간에 그분의 입으로 자신이 그리스도이고 하나님과 하나라고 말씀하셨다. 예수님이 자기 입으로 하나님이라고 한 것이 틀렸다면 그는 희대의 사기꾼이고, 예수님이 자기 입으로 하나님이라고 한 것이 맞다면 그분은 하나님이시다. 예수님이 세계 4대 성인(聖人) 중 한 분이라는 말은 무식한 소리이다. 성인이 어떻게 그 어마어마한 사기를 치겠는가.

그렇다면 이것을 믿든 안 믿든 이제 확실하게 해야 한다. 하나님 아니면 사기꾼이니 양다리 걸친 채 머뭇거리지 말고 둘 중 하나를 선택하라. 하나님이 아니라면 시간 낭비하지 말고 다른 것을 믿고, 하나님이라고 결정했다면 여기에 올인하라.

예수님은 이 땅에 계시는 동안 수차례 죄 사함을 선포하셨다. 이것은 하나님만이 하실 수 있는 일이다. 그리고 죽은 자를 살리고 자연을 지배하셨다. 하나님의 행동이다. 하나님의 신성(神性)을 선언하고 하나님의 말을 하고 자신이 메시아라고 이야기하신 예수님의 선포는 분명하고도 선명했다.

죄 문제의 해결

친히 나무에 달려 그 몸으로 우리 죄를 담당하셨으니 이는 우리로 죄에 대하여 죽고 의에 대하여 살게 하심이라 그가 채찍에 맞음으로 너희는 나음을 얻었나니 벧전 2:24

예수께서 신 포도주를 받으신 후에 이르시되 다 이루었다 하시고 머리를 숙이니 영혼이 떠나가시니라 요 19:30

예수님은 십자가에서 우리를 대신해서 죄를 속량하셨다. 예수님이 우리 죄 때문에 십자가에 달리시고 십자가에서 "테텔레스타이"(Τετέλεσται), 즉 "다 이루었다"라고 하셨다. 우리 연약함, 부족함, 죄책감을 다 해결하셨다는 것이다.

지금도 어떤 잘못으로 죄책감이 있는가? 악한 사탄이 주는 것이다. 로마서 8장 1,2절은 그리스도 예수 안에 있는 자에게는 결코 정죄함이 없다고 말씀한다. 그리스도로 인해 생명의 성령의 법이 죄와 사망의 법에서 우리를 해방하였다고 말씀하기에 어떠한 것에 얽매여 있어서도 안 된다.

부활

성결의 영으로는 죽은 자들 가운데서 부활하사 능력으로 하나님의 아들로 선포되셨으니 곧 우리 주 예수 그리스도시니라 **롬 1:4**

예수는 우리가 범죄한 것 때문에 내줌이 되고 또한 우리를 의롭다 하시기 위하여 살아나셨느니라 **롬 4:25**

예수님이 십자가에서 단 한 번의 제사를 드려 인간의 죄 문제를 해결하시고 삼 일 만에 부활하셨다. 부활하심으로 참 하나님이심을 나타내셨다.

음 : 믿음

이 사실을 마음으로 믿고 입으로 시인하면
하나님의 자녀가 되고 영원한 생명을 얻는다.

예수님의 십자가 대속으로 우리가 해결하지 못하고 영영 죽을 수밖에 없었던 죄 문제가 해결되고 구원받게 되었다. 하나님과 인간과 예수님에 관한 이제까지의 내용을 마음으로 믿고 입으로 시인하면 구원을 얻고 하나님의 자녀가 된다.

만일 우리가 우리 죄를 자백하면 그는 미쁘시고 의로우사 우리 죄를
사하시며 우리를 모든 불의에서 깨끗하게 하실 것이요 요일 1:9

네가 만일 네 입으로 예수를 주로 시인하며 또 하나님께서 그를 죽은
자 가운데서 살리신 것을 네 마음에 믿으면 구원을 받으리라 사람이
마음으로 믿어 의에 이르고 입으로 시인하여 구원에 이르느니라
롬 10:9,10

이것을 내 마음으로 믿고 입으로 시인하는 것이 영접하는 것이다. 그러면 하나님의 자녀가 되어 영원한 생명을 얻고 권세와 권능

을 얻으며 이 땅에 살면서 하나님의 능력이 함께 거하게 된다. 이 예수님을 영접하기 원한다면 지금, 진심으로 따라함으로써 이 기도를 드리라.

영접기도

"하나님의 자녀 되기를 원하십니까", "예수님을 영접하기 원하십니까?"라고 물어서 영접하기를 원하는 자에게는 영접기도를 한마디씩 따라 하게 한다. 영접기도의 핵심은 내가 죄인임을 고백하고 예수님을 받아들이는 것이다.

1
자신이 죄인임을 고백하고,

2
예수 십자가의 죽음과 부활을 믿는다고 고백하고,

3
믿음으로 예수님을 나의 주인(Lord)과
구원자(Saviour)로 영접하고,

4
성령으로 오셔서 내 삶을 주관해달라고

한마디씩 전도자가 먼저 말하고 대상자가 따라 말하도록 한다. 영접기도를 꼭 이렇게 해야 된다는 것은 없지만, 이 4가지 내용을 담은 하나의 예를 제시하겠다. 영접하는 사람과 안 한 사람은 천지차이이니 여러분도 다시 한번 이 영접기도를 드리고, 언제든 누구 앞에서든 말할 수 있도록 준비하고 있기를 바란다.

"하나님 아버지, 저는 죄인입니다. 예수님이 내 죄 때문에 십자가에서 고통당하고 죽으시고, 삼 일 만에 부활하신 것을 믿습니다. 그것을 믿음으로 내 죄가 완전히 해결 받았음을 믿습니다. 이제 예수님을 내 죄를 해결한 구원자로, 그리고 내 삶의 주인으로 내 마음에 영접합니다. 성령으로 오셔서 내 삶을 책임져주옵소서. 예수님의 이름으로 기도합니다. 아멘."

* 하인예음의 복음과 영접기도는 5부에 다시 한번 정리해놓았다.

10장
복음의 능력, 복음의 의

복음을 부끄러워하면 수치를 당한다

신약성경에서 복음에 관해 이야기한 것은 갈라디아서와 로마서가 핵심이고 특히 로마서가 더 선명한데 그 중에서도 가장 핵심 구절은 로마서 1장 16,17절 말씀이다.

> 내가 복음을 부끄러워하지 아니하노니 이 복음은 모든 믿는 자에게 구원을 주시는 하나님의 능력이 됨이라 먼저는 유대인에게요 그리고 헬라인에게로다 복음에는 하나님의 의가 나타나서 믿음으로 믿음에 이르게 하나니 기록된 바 오직 의인은 믿음으로 말미암아 살리라 함과 같으니라 **롬 1:16,17**

사도 바울은 "나는 이 복음을 부끄러워하지 않는다"라고 고백한다. 이 말씀은 우리 자신으로 하여금 지금 나는 복음을 부끄러워하고 있지 않은지 돌아보게 만든다. 복음을 부끄러워하는 것은 하나님의 능력을 믿지 않고 있는 것이며 이 말은 내가 복음을 부끄러워할 때 세상으로부터 수치를 당하게 된다는 것이다.

당신이 예수 믿는 것을 사람들이 안다. 세상에서 예수쟁이라고 욕먹는 것은 수치가 아니다. 그러나 예수 믿는 확신과 복음이 뚜렷한 예수쟁이의 모습이 보이지 않으면 세상으로부터 조롱과 수치를 당하게 된다. 예수 믿는 사람이 뜨겁지도 차갑지도 않고 미지근하다면, 희지도 검지도 않고 회색으로 뭉그적거리고 있다면 그것이야말로 세상의 조롱과 수치가 아닐 수 없다.

나도 예수 안 믿을 때는 믿음이 흐릿하여 확신이 없거나 세상과 교회에 양다리 걸친 기독교인을 볼 때 '예수를 믿으려면 확실하게 믿든지, 안 믿으려면 말든지 하지 저게 뭐냐' 한 적이 많았다. 성경을 하나도 몰랐는데도.

복음을 확신하면 부끄러워하지 않는다

복음을 부끄러워하지 않는다는 것은 사람들에게 복음을 전할 때 부끄럽게 생각하지 않는다는 것 이상의 의미가 있다. 이 말은 복음의 확신을 말하는데, 내가 복음을 알고 그 복음을 삶에 적용하여 하나님의 능력임을 체험하고 있다는 말과 같다. 이것이 기독교인의 본질이고, 그 믿음이 기초가 튼튼한 반석 위에 지은 집이 된다.

사도 바울은 이 복음을 분명히 알고 확신 가운데 있기에 내가 복음을 부끄러워하지 않는다고 당당하게 고백한 것이다. 바울 서신서에 가장 많이 나오는 말 중의 하나가 "내가 확신하노니"인데, 그의 지식이나 능력으로 확신하는 것이 아니라 하나님의 말씀에 근거하여, 그 말씀을 믿음으로써 복음을 자랑하게 된다는 말이다. 내힘으로는 뭔가를 확신할 수 없다. 하나님의 말씀을 붙잡고 있기 때문에 확신하게 되는 것이다.

'확신'을 지정의(知情意)로 설명한다면 머리로 알고, 가슴으로 내것 되게 하고, 삶에서 실제로 실천하는 것이다. 복음을 부끄러워하지 않는다면 복음을 머리로 가슴으로 실제로 내가 삶에 적용해서 실천하고 살아야 할 것이다.

복음을 삶에서 실천한다는 것은 먼저는 복음을 전하는 것이다. 복음은 하나님의 능력이기 때문에 내 삶에서 자꾸 능력으로 나타나게 되고 내 입에서 말하게 되어 있다. 그러므로 복음 전하는 것은 억지로 할 수도 없거니와 그렇게 하려 해도 오래 못 간다.

그래서 삶에서 실천한다는 것은 먼저는 복음 앞에 서는 일이다. 이제 막 복음을 들은 사람뿐 아니라 몇십 년 목회하고 은퇴하신 목사님도 예외 없이 매일 매 순간 복음 앞에 서야 한다.

복음 자체가 능력과 확신의 원천이기 때문에 복음 앞에 서서 그 복음을 계속 되새기는 것이 정말 중요하다. 우리에게 하인예음의 선명하고 확실한 복음이 있는데 그 복음에 초점을 맞추고 산다면 삶의 무기력에서 벗어나 하나님의 능력으로 벌떡 일어나게 될 것이다.

복음은 하나님의 능력이다

사도 바울이 복음을 부끄러워하지 않은 또 다른 이유는 복음이 모든 믿는 자들에게 구원을 주시는 하나님의 능력이기 때문이다. 우리 또한 복음을 확신 있게 잡고 매일 그 앞에 서며 그것을 내 것으로 만들어 실제 삶에 적용해야 하는 것은 그 복음이 하나님의 능력이기 때문이다.

자꾸 복음 앞에 서고, 복음을 선포하고, 복음을 적용하려고 하면 계속 하나님의 능력 안에 거하게 되어 그 삶에 하나님의 능력이 나타나고 작동하게 된다. 나는 아무것도 아닌데, 복음을 부끄러워하지 않음으로 인하여 정말 상상을 초월하는 기적들이 삶에 펼쳐지기 시작한다. 하나님께서 그분의 능력으로 행하시는 일들은 우리의 상상을 초월한다.

선교사 재충전 수련회를 할 때마다 하나님은 복음밖에 없다는 것을 어김없이 다시 확인시켜주시곤 하셨다. 내가 선교사님들보다 아는 게 많겠는가, 열정이 더 크겠는가. 다만 이 복음을 가지고 다시 나누었을 뿐인데 하나님은 그들을 일으켜 세워주셨다.

복음은 지역과 인종을 뛰어넘어 아프리카에 가도, 남미에 가도, 아시아에 가도, 어디를 가도 다 동일하게 일으켜 세워주시는 하나님의 능력이다. 각 사람의 형편이 다르고 배경이 다르지만 모두가 공통적으로 승리할 수 있는 솔루션이다. 복음을 받은 크리스천들은 그들이 어디에 있든지 어떠한 상황에 있든지 삶을 복음 안에서 시작하고 복음 안에서 끝낸다. 그렇게 할 때 모두가 승리한다.

복음은 나를 통해 흘러가야 한다

이 복음은 하나님의 능력인데 "먼저는 유대인에게요 그리고 헬라인에게"이다. 여기서 '헬라인'은 이방인을 총칭하며, 이 말씀은 복음의 방향성을 가리킨다. 복음의 방향이 첫 번째는 '나에게'지만 이것이 '이웃에게' 가야 한다는 것이다.

복음은 나에게만 있는 것이 아니라 나를 통해서 흘러가야 하기에, 복음을 받은 사람이 복음 앞에 서서 복음을 되새긴다면 이 복음을 이웃에게 전하지 않을 수 없다. 복음의 공동체가 교회 아닌가. 교회는 우리끼리 신앙생활 하는 '우리끼리' 신앙공동체가 아니다. 우리끼리, 우리끼리 하면 고인 물이 되고 생명력을 잃는다.

복음을 받으면 먼저는 내가 이 복음 앞에 서서 복음을 되새겨야 한다. 그리고 이 복음이 하나님의 능력임을 깨달으면 이웃에게 그 영향이 가게 되어 있다. 그러니 복음 전도는 내가 복음 앞에 서지 않은 채 '복음 전해야지' 해서 전해지는 것이 아니다.

변화도 해법도 복음에서 찾아라!

복음이 들어감으로써 그 나라가 변하고 발전하기 시작한다는 것은 우리나라를 포함해 많은 나라에서 확인할 수 있다. 세상의 변화는 복음에서부터 시작된다. 성경은 마가복음 1장 1절에서 "하나님의 아들 예수 그리스도의 복음의 시작이라"라고 선포한다.

교회에 아무리 사람이 많아도 세상은 변하지 않는다. 세상에 더 많은 사람들이 있다. 교회가 아무리 부요하다 해도 세상을 변화시킬 수 없다. 세상이 우리보다 더 부요하다. 세상을 변화시킬 수 있는 것은 오직 복음뿐이다. 목사의 입에서 나오는 말이 아니라 바로 하나님 사랑의 결정체인 복음이 이 세상을 변화시키는 하나님의 능력이다.

하나님나라는 복음에서부터 시작한다. 당신이 예수를 믿었다면 복음에서부터 시작하라. 문제를 만났을 때도 하나님나라의 백성은 그 해법을 복음에서 찾아야 한다. 복음 아닌 다른 것에서부터 시작하면, 즉 경험이나 지식에서 찾으려 하고 돈으로 해결하려 하면 그때부터 엉켜버리고 삶이 복잡해진다.

지난밤 어느 회사의 주요 시설물이 도난당했다고 하자. 그 회사 사장이 크리스천인데 출근해서 상황을 보고받자마자 관련 직원들을 불러 누구 때문에 이런 상황이 벌어졌느냐며 화를 내고 호통을 치면서 막 해댄다면 그는 복음을 받은 사람이라고 할 수 없을 것이다.

그럴 때 예수 믿는 사람은 복음으로 해결해야 한다. 하나님의 관점으로 그 상황을 해석할 줄 알아야 한다. 먼저 복음 앞에 서보면 지혜를 얻을 것이다. 그러지 못하고 직원들에게 혈기부터 부렸다가는 제정신이 돌아왔을 때 내가 예수 믿는 사람이 맞나 싶어 스스로 자괴감을 느끼고 직원들 앞에서도 부끄러울 것이다.

예수 믿어도 소망이 없는 것 같고 무기력할 때가 있다. 그럴 때도 다른 것을 잡지 말라. 세상 방법 잡지 말고 복음을 잡아야 한다. 복음 앞에 서서 자신을 비추어보라. 복음으로 접근하면 하나님의 능력이 지혜롭게 풀어가신다. 그것이 복음의 파워이다.

가위눌림에서 자유로워지다

한 집사님이 자꾸 가위눌려서 잠을 못 잔다며 담임목사실로 상담하러 왔다. 그럴 때 "집사님, 제가 기도 한번 해드릴게요. 예수 이름으로 명하노니…" 이렇게 기도할 수도 있다. 그러나 나는 잠깐 앉으시라 하고 하인예음의 복음을 들려드렸다.

"이 예수님을 마음으로 믿고 입으로 시인하면 하나님 자녀의 권세를 얻는데 집사님, 우리 다시 한번 리마인드 합시다. 그리고 하나님 앞에 다시 한번 고백하신다면 하나님의 파워가 어떤 건지 느낄 수 있을 겁니다. 그렇지요? 집사님, 제 기도 한번 따라하세요. 하나님 아버지, 저는 죄인입니다. 예수님이 십자가에서 고통당하시고 삼일 만에 부활하신 것을 믿습니다. 이것을 믿음으로 내 죄가 완전히 해결 받았음을 믿습니다. 이제 예수님을 내 삶의 주인으로, 구원자로 영접합니다. 성령으로 오셔서 나의 삶을 다스려주시고 책임져주옵소서. 예수님 이름으로 기도합니다. 아멘."

"제가 집사님을 위해 기도하겠습니다. 하나님 아버지, ○○○집사님이 오늘 다시 복음 앞에 서서 복음을 되새김으로 다시 한번 구원을 확신하며 고백한 줄로 믿습니다. 또한 가위눌림에서도 승리한 줄 믿습니다. 오늘부터 성령의 인도하심으로 평안히 잠을 잘 자게 하실 줄 믿습니다. 예수님 이름으로 기도합니다. 아멘."

이분은 이미 예수를 영접했는데 왜 이럴 때 영접기도를 했을까? 이 영접기도의 의미는 복음과 구원을 다시 한번 되새기는 것이다. 예수님이 우리가 "예수 우리 왕이여 이곳에 오소서"라고 찬양하면 오시고, 찬양 안 하면 안 오실까? 가사를 그런 뉘앙스로 오해할 수 있지만, 이 찬양은 예배 가운데 주님의 임재를 경험하기 원한다는 고백이다.

마찬가지로 영접기도로 다시 고백한 것 역시 "당신에게 예수가 없으니 다시 영접해라" 그런 의미가 아니다. 영접했어도 내가 상황에 따라 주님과 멀어질 수 있는 연약함이 있기에 내 마음에 복음을 확신하도록 상기시키고 되새기는 의미인 것이다.

이렇게 복음 앞에 서서 예수님을 리마인드로 영접한 후 "집사님,

파이팅입니다"라고 집사님을 격려하고 헤어졌다. 다음 날 아침, 집사님이 전화를 해서 "목사님, 어젯밤에 8시간 푹 잤어요"라며 너무 감사하다고 했다. 역시 복음은 하나님의 능력이며 하나님은 살아 계신다.

복음이 스스로 깨닫게 하다

하루는 성도님 한 분이 씩씩거리면서 찾아왔다.

"목사님, 저는 예수 믿기 전부터 리쿼 스토어(liquor store, 주류 판매점)를 했는데 사람들이 자꾸 저를 이상한 눈으로 봐요. 이거 계속해야 합니까, 히지 말아야 합니까?"

본인이 안 하려고 마음먹었으면 찾아오지 않았을 것이다. 내가 계속하시라고 하면 "목사님이 하라고 했다" 말할 것이고, 또 하지 말라고 하면 갑자기 장사를 그만두고 뭘 하란 말이냐, 목사가 성도의 사정도 모른다면서 항의할 수도 있을 것이다.

그러나 그것이 겁나서가 아니라 이분을 다시 한번 복음으로 세워 드려야 하겠기에 앉아보시라 하고 하인예음의 복음을 찬찬히 얘기해드렸다. 그리고 함께 영접기도를 드린 후 그 집사님을 위해 기도해드렸다.

처음에는 씩씩대며 내 방에 왔던 그 분이 복음을 듣고 예수님을 영접하고 나서는 그냥 "감사합니다" 하고 내 방을 나갔고 그 뒤로는 더 이상 그 문제로 말이 나오지 않았다. 몇 달 뒤 가게가 좋은 가격에 팔리게 해달라는 기도 제목이 올라오더니 나중에 가게를 처분하고 다른 직종으로 바꾸어 성실히 잘 운영하고 있다.

직업에 귀천이 없고, 제한된 이민 사회에서 학벌도 전공도 소용없어 온몸으로 부딪쳐가며 일하고 있는데 술장사가 되니 안 되니 하며 정죄하면 그게 복음이겠는가. 복음은 그야말로 각자의 믿음 안에서 스스로 깨닫게 하고 스스로 하나님과의 관계를 회복하도록 돕는다. 목회자의 역할은 이 길로 갈 수 있도록 돕는 것이라고 생각한다.

그 중심에 반드시 복음이 있는 것이다. 그러니 복음은 마스터키(master key 무엇이든 열 수 있는 만능열쇠)이다. 어떤 문제든 복음으로 열어버리는 것이다. 그래서 나는 어떤 문제든지 어떤 상황이든지 "잠깐 앉으세요" 하고는 복음을 들려주어 되새기게 한다.

나중에는 교회에 소문이 났다. 담임목사실에 들어가면 일단 앉으라 하고 분명히 하인예음의 복음을 이야기할 거라고. 한번은 "담임목사실에 가서 상담하면 '기승전 하인예음'이야"라는 말을 듣고 찾아가기 전에 스스로 복음 앞에 서보았는데 자신의 부족함이 발견되고 또한 마음이 평안해져서 고민하던 문제가 해결되었다고 말하는 성도도 있었다. 너무 귀한 일이다.

율법의 기능 : 나는 안 되는구나

복음에는 하나님의 의가 나타나서 믿음으로 믿음에 이르게 하나니
기록된 바 오직 의인은 믿음으로 말미암아 살리라 함과 같으니라

롬 1:17

복음에는 하나님의 의가 나타났다는 것은 복음에 하나님의 의의
수준이 들어 있다는 뜻이다. 하나님의 의의 수준이 어느 정도일까?
'완전'(完全)이다. '완전'은 알 것 같기는 한데 설명할 길이 없고 보여
줄 수도 없다. 이런 우리의 연약함을 아시고 하나님은 성경을 통해
서 하나님의 의의 수준을 우리에게 보여주셨는데 그것이 바로 율법
이다.

성경에 나오는 율법은 총 613가지이다. 이 613가지를 다 지키면
그것을 하나님의 수준이라고 보여주는 것인데 '율법을 완전히 지킨
다'라는 의미는 율법 612가지를 다 지키고도 하나를 어기면 다 안
지킨 것과 같다는 것이다.

얼마나 억울한가. 613가지가 아니라 100개만 제대로 지켜도 아
마 이 땅에서는 거의 반신(半神)이라고 할 것이다. 그런데 하나님의
의의 수준으로는 우리가 아무리 많이 지켜도 딱 하나 안 지키면 다
안 지킨 죄인과 똑같으니 도저히 안 되는 것이다.

산상수훈(마 5-7장)은 율법을 재해석하신 가르침이다. 그중에 "만

일 네 오른 눈이 너로 실족하게 하거든 빼어 내버리라 네 백체 중 하나가 없어지고 온몸이 지옥에 던져지지 않는 것이 유익하며 또한 만일 네 오른손이 너로 실족하게 하거든 찍어 내버리라 네 백체 중 하나가 없어지고 온몸이 지옥에 던져지지 않는 것이 유익하니라"(마 5:29, 30)라는 말씀이 있다.

율법은 "상처에는 상처로, 눈에는 눈으로, 이에는 이로 갚을지라 남에게 상해를 입힌 그대로 그에게 그렇게"(레 24:20) 하는 것이다. 눈이 범죄하면 눈을 빼고, 오른손이 잘못하면 오른손을 찍어버리는 것이다. 실제로 이슬람권에서는 지금도 '눈에는 눈' 법칙을 적용하기도 한다.

그런데 그렇게 613가지 율법을 다 지킬 사람도 없을뿐더러 이것을 지키고자 몇 개만 시도해도 못 지켜서 율법대로 다 잘리고 없어지고, 남아나는 게 별로 없다. 그래서 율법은 사실 지키라고 준 것이 아니다.

그러므로 율법의 행위로 그의 앞에 의롭다 하심을 얻을 육체가 없나 니 율법으로는 죄를 깨달음이니라 **롬 3:20**

율법은 율법 앞에 자신이 죄인임을 깨닫게 하시기 위해서 주신 것이다. 613가지를 지키려고 애쓰고 애쓰는데 결국 돌아오는 것은 무엇인가. '안 되는구나.' 이것을 깨닫게 하는 것이 율법이다. 그래서 "안 된다"가 오늘 우리의 결론이다. 우리는 아무리 해도 할 수 없다. 하버드대 나온 똑똑한 사람도, IQ 150의 천재도 안 된다. 안 되는데 자꾸 어떻게 해보려고 하고, 또 안 되고, 그래서 율법 앞에 서면 우리는 계속 절망하고 낙심할 수밖에 없다. 그러나 그 절망 가운데서 우리는 자기가 부족하고 연약하고 죄인임을 깨닫게 된다. 안 되게 되어 있다는 것을 빨리 깨닫고 우리는 되게 하시는 하나님을 바라보아야 한다.

두나미스 : 복음의 권능

사도행전 1장 8절에 "오직 성령이 너희에게 임하시면 너희가 권능을 받고 … 내 증인이 되리라 하시니라" 하였는데 이 구절에 쓰인 '권능'은 '두나미스'(δύναμις)라는 단어이다. '두나미스'에서 파생된 단어가 다이너마이트(dynamite), 그리고 다이내믹(dynamic)이다.

큰 바위에 구멍을 뚫고 조그마한 폭약, 즉 다이너마이트를 넣어서 터뜨리면 그 바위가 깨져버린다. 태산 같은 큰 바위가 내 앞에 있어도 복음의 권능이 있다면 그 바위를 깨뜨릴 수 있다. 어떠한 큰 산도 평지로 만들 수 있는 것이 복음이다.

> 큰 산아 네가 무엇이냐 네가 스룹바벨 앞에서 평지가 되리라…
>
> 슥 4:7

도무지 해결할 길 없어 보이는 인생의 큰 문제를 만났을 때 세상 방법으로 하려 하면 돈으로도 안 되고 권력으로도, 사람의 지식과 경험으로도 안 되고 '계란으로 바위 치기'밖에 안 되지만, 내가 복음을 가지고 있다면 복음의 능력, 성령의 권능이 그 문제를 해결한다. 엄청나게 큰 바위를 단숨에 깨뜨리는 다이너마이트처럼 성령의 권능이 그 문제를 깨뜨린다. 하나님께서 하신다. 그래서 하나님나라의 해법은 결국 복음의 능력이다. 이것을 알고 삶에 적용하는 것이 대단히 중요하다.

또한 복음을 가진 사람은 다이내믹해서 활력이 있다. 비록 내 인생이 어렵고 조금 초라해도 예수 믿는 사람은 항상 웃고 긍정적(세상에서 말하는 긍정적 사고방식과는 다르다)이고 활기차야 한다. 하나님의 권능이 함께 있는 사람은 긍정적일 수밖에 없다. 상황은 부정적이어도 하나님께서 해결해주신다는 믿음이 긍정적이기 때문이다.

그래서 성령의 권능으로 활력이 있는 사람은 하나님께서 하실 것을 믿고 기대하며 기도할 수 있을 뿐 아니라, 다른 사람에게도 "집사님, 돼요. 걱정하지 마세요. 하나님이 계시잖아요. 하나님은 우리를 살리려고 자신의 독생자를 내어주신 분이에요. 당면한 이 문제, 하나님의 때에 분명히 가장 좋은 것으로 가장 선한 방법으로 가장 적합한 때에 하나님이 하실 거예요"라며 격려해줄 수 있다.

그런데 우리의 현실은 염려 가운데 있고 너무나 무기력하다. 복음의 권능을 놓치면 예수 믿고 있어도 현실에 눌러서, 활기찬 게 아니라 경상도 말로 '시쭈그리하게' 앉아 있고, 사정을 들은 사람은 "아이고, 이야기 들어보니까 진짜 큰일 났네. 이제 어떡하냐" 하며 당황하고…. 뭔가 결단하고 새롭게 해보려고 하지만 상황이 변하지 않으면 다시 두려워하고 좌절하고 낙심한다.

하나님의 자녀는 다이너마이트와 같이 문제를 이길 권능이 있고 다이내믹한 활력이 있는데 왜 그러지 못하는 것일까? 이유는 간단하다. 복음을 놓치고 있기 때문이다.

엑수시아 : 사람을 살리는 복음의 권세

영접하는 자 곧 그 이름을 믿는 자들에게는 하나님의 자녀가 되는 권세를 주셨으니 요 1:12

이 구절에서 하나님의 자녀가 되는 이 '권세'를 '엑수시아'(ἐξουσία)라고 하는데, '엑수시아'는 남을 살리는 권세를 말한다. 이 단어가 다른 복음서에는 '권능'으로도 나와 있다.

예수께서 그의 열두 제자를 부르사 더러운 귀신을 쫓아내며 병든 모든 병과 모든 약한 것을 고치는 권능을 주시니라 마 10:1

또 산에 오르사 자기가 원하는 자들을 부르시니 나아온지라 이에 열둘을 세우셨으니 이는 자기와 함께 있게 하시고 또 보내사 전도도 하며 귀신을 내쫓는 권능도 가지게 하려 하심이러라 막 3:13-15

사도행전 1장 8절에서 언급된 권능은 '두나미스'이지만 이 구절들에 나타나는 '권능'은 남을 살리는 권세인 '엑수시아'이다. 내가 지금 초라하고 경제적으로 힘들어도 내가 예수 믿고 있다면 남을 살릴 수 있다는 것이다. 돈이 아니라 복음으로! 이것이 얼마나 강력한 힘인지 모른다. 복음을 가졌다면 그는 복음으로 남을 살릴 수 있다. 하나님께서 하나님의 자녀는 남을 살릴 수 있다고, 남을 살릴 권세를 그에게 주셨다고 분명히 말씀하셨기 때문이다.

"나는 못 해요, 아무것도 못 해요"는 겸손한 고백이 아니라 오히려 열등감에서 나오는 교만한 고백이다. 하나님이 나와 함께 계시면 할 수 있다. 그것은 여건, 환경과 관계없다. 내가 힘들어도 어려워도 어떤 처지에 있어도 내 신분은 하나님의 자녀이고 하나님의 자녀는 남을 살릴 권세가 있는데 그 권세는 하나님으로부터 온다. 이것을 확신하고 일어서라.

그런데 놀랍게도 남을 살리는 순간 내가 살아버린다. 세상 법칙은 내가 살고 나서 남을 살리는 것이지만 하나님의 법칙은 남을 살릴 때 내가 사는 것이다. 비유하자면, 내 발등에 불이 떨어졌을 때 하나님은 내게 강 건너 이웃 마을에 난 불을 *끄러* 가라고 하신다. 내 발등에 불 떨어졌으면 그 불부터 꺼야 할 텐데 왜 그렇게 하실까.

하나님은 내가 내 발등에 불 떨어졌어도 저 마을에 불 *끄러* 강 건너갈 때 내 발등의 불이 꺼지게 하신다. 그래서 꿩 먹고 알 먹고, 도랑 치고 가재 잡고, 청소하고 돈 줍게 하신다. 이 비밀을 알면 복음을 절대 놓칠 수가 없다.

처가 식구들을 복음으로 살리다

나는 정말 가난했다. 그래서 형편이 넉넉한 처가를 대할 때는 속으로 조금 기가 죽어 있었다. 그러던 내가 예수 믿은 후, 하나님은 나를 복음의 파워로 그 가정을 복음화하는 데 사용하셨다.

장인어른의 형님이신 큰아버지가 간암 4기로 원자력병원 중환자실에서 오늘내일하실 때 그 분에게 갔다. 의식도 없는 분의 귀에 대고 "큰아버지, 지금 이대로 가시면 안 됩니다. 하나님이 큰아버지 사랑하셔서 저를 여기에 보내셨어요" 하면서 하인예음의 복음을 말했다.

그 자리에는 아직 믿지 않으시던 장인어른, 장모님, 큰어머니와 그 댁 자녀들이 다 있었다. 가족이 있는 데서 이렇게 이야기하는 데는 큰 용기가 필요했는데 하나님께서 그런 용기를 주셨다.

"… 그래서 큰아버지, 꼭 이 예수 믿고 일어나셔야 합니다."

의식 없이 누워 계시는 분이 땀이 줄줄 났다.

돌아오는 길에 운전하면서 백미러로 슬쩍 보니 뒷좌석에서 장인어른이 기분이 최고로 좋을 때의 표정을 짓고 계셨다.

"기동이, 기도 잘하더라."

일주일 후 큰아버지가 깨어나셨다. 또 일주일 후에는 일반병실로 올라갔고 그 후로 11년을 더 사셨다.

또 장인어른의 제수씨 되시는 작은어머니가 우울증으로 중앙대병원에 입원하셔서 그 분에게도 가서 복음을 전했다. 작은어머니가 나를 잡고 "김 서방, 난 그럼 이제부터는 약도 필요 없겠네" 하셨다. 그래서 "필요 없습니다. 왜 우울증에 걸립니까. 이제는 주님이 있습니다. 내가 예수님을 고백했으면 이제는 파워가 있습니다" 했더니 그날로 퇴원하여 지금까지도 건강하고 즐겁게 잘 지내신다.

복음에 이렇게 파워가 있다. 복음 가운데 이렇게 남을 살릴 파워가 있고, 오늘 당신이 분명히 예수를 믿는다면 이 파워가 반드시 있는 줄로 믿는다.

복음의 파워는 증인의 삶이다

또 이르시되 너희는 온 천하에 다니며 만민에게 복음을 전파하라

막 16:15

"몇 월 며칠 새벽 2시에 ○○에서 일어난 교통사고 목격자를 찾습니다."

가끔 횡단보도 앞이나 큰 도로 옆에 이렇게 목격자를 찾는 현수막을 볼 때가 있다. 하나님도 복음의 증인을 찾으신다.

"하나님나라에서 복음의 능력을 경험하고 하나님의 살아 계심을 목격한 자를 찾습니다."

복음의 능력이 삶 속에서 작동되고 있기에 오늘 예수 믿는 자의 삶은 증인의 삶이다. 그런데 만일 같이 일하면서도, 함께 밥 먹으면서도, 함께 동호회를 하면서도, 함께 등산하면서도, 함께 수업을 들으면서도 그들에게 예수 그리스도에 대해서 한 번도 말한 적이 없다면 당신은 예수 믿는다고 하지만 복음의 능력을 경험하지 못하고 있는 것이다.

선교 현장에는 고아들이나 아이들을 돌보는 일로 밥 해주고 빨래도 해주는 도우미들이 필요하다. 그래서 한 달에 얼마의 봉급을 받고 그런 일을 하는 현지인 메이드(maid)가 와서 선교사역의 도우미로 함께 일한다. 선교지 현지의 무질서한 교통 사정 때문에 현지인 운전기사를 둘 경우도 있다. 그런데 선교사 재충전 수련회를 마친 후 어떤 선교사님이 이런 말을 했다.

"제가 여기 온 지 17년 됐는데 이제부터는 여기에 일하러 오는 메이드와 운전기사에게 복음을 전해야겠네요."

어떤 생각이 드는가? 선교하러 가서 17년 동안 선교하고, 그곳에 현지인 메이드가 17년 동안 일하러 왔고, 17년 동안 현지인 운전기사와 함께했는데도 그들에게 복음을 전하지 않았다는 것이다. 고아원 사역으로 아이들을 입히고 먹이고 재우고 하는 것은 너무나 귀하다. 그러나 그것만이 선교라고 생각한 것은 아닌지…. 그 사역을 통하여, 그리고 그 사역을 하면서 만나는 영혼을 구원하는 것이 선교가 아닌가!

어떤 선교사님은 17년 동안 한식 요리 교실을 하면서 매주 함께 요리하고 대화를 나눴지만 예수 이야기를 한 번도 하지 않았다. 내 사관학교 동기 한 명은 그 고되고 피곤한 생도 1,2학년 시절에 매일 새벽기도를 나갈 만큼 신실한 크리스천이었지만 한 내무실에서 함께 먹고 자고 생활하는 2년 동안 한 번도 나에게 전도는커녕 예수 이야기조차 하지 않았다. 당신은 어떻게 증인의 삶을 살고 있는가?

내가 교회를 개척하고 보니까 숨어 있는 영혼들이 얼마나 많았는지 모른다. 이민 와서 처음에 교회 한번 나가보았는데 교회에 이렇다 할 뭔가가 없고 교인들은 서로 싸우고 하니까 그냥 안 다니게 된 사람들이었다. 방황하고 유리하는 영혼들이 많은데 "나부터 좀 삽시다" 그렇게 말하지 말고 한 영혼에 관심을 가지고 주위를 둘러보라.

내 양 떼가 모든 산과 높은 멧부리에마다 유리되었고 내 양 떼가 온 지면에 흩어졌으되 찾고 찾는 자가 없었도다 겔 34:6

믿음으로 : 다 지킨 것으로 쳐주신다

"복음에는 하나님의 의가 나타났다"라는 말은 "복음에는 613가지 다 지킨 것이 나타났다"라는 의미이고 "이 의인은 믿음으로 말미암아 살리라" 하였으니 다시 말하면, 복음에는 하나님의 의의 수준이 있는데 '믿음' 때문에 613가지 율법을 다 지킨 것으로 쳐준다는 것이다.

어떻게 다 지킨 것으로 쳐주신다는 것인가? 내가 율법 때문에 다리 잘리고 눈 뽑히고, 율법을 지키지 못해(죄) 받아야 할 형벌을 예수님이 십자가에서 대신 받으시고 죄의 빚을 다 갚아주셨기 때문이다. 예수님이 이미 다 감당했으니 그것을 믿으면 그 믿음으로 인해서 우리가 율법을 다 지킨 것처럼 쳐주시겠다는 것이다.

> 하나님이 죄를 알지도 못하신 이를 우리를 대신하여 죄로 삼으신 것은 우리로 하여금 그 안에서 하나님의 의가 되게 하려 하심이라
>
> 고후 5:21

이것이 얼마나 큰 은혜인가. 이것은 특별사면을 받은 것과 같은 의미이다. 형기가 10년 남았는데 특별사면을 받았다면 출옥하더라도 나중에 남은 형기를 마저 채워야 하는가, 더는 형을 살지 않아도 되는가? 더는 남은 형기를 살지 않아도 된다. 오늘 우리가 죄인으

로 벌을 받아야 하지만 예수 그리스도의 대신 죽으심으로, 우리는 믿음으로 특별사면을 받았다. 의인이 아닌데 하나님께서 의인으로 쳐주셨다.

당신은 거룩한가? 정말 거룩한가? 진짜인가?

성도들에게 이것을 물어보면 처음에는 "아멘" 하다가 재차 물을수록 대답을 주저한다. 왜냐하면 삶의 거룩을 생각하기 때문이다. 솔직히 거룩한 삶을 산다고 하기에는 너무 부족하니까 대답이 잘 안 나오게 되는 것이다.

하나님께서 우리에게 거룩하냐고 물으시는 것은 신분의 거룩에 관한 질문이다. 신분의 거룩을 빼고 삶의 거룩만 이야기하면 이 땅에서는 거룩하다고 말할 사람이 없을 것이다. 그러나 신분의 거룩이 확실하지 않은가? 신분을 보면 완벽하게 거룩하다. 하나님의 자녀는 신분이다. 그것은 믿음으로 말미암은 것이다. 복음 때문이다. 이 신분의 거룩이 확실하면 생활의 거룩으로 이어지는 것이다. 이것이 성화가 아니겠는가.

11장
매일 복음을 되새겨라

전하는 것보다 복음 앞에 서는 것이 먼저다

이 복음, 하인예음의 거울 앞에 자꾸 서보아야 한다. 복음을 전하는 것보다 복음 앞에 서는 것이 먼저이다. 사역보다 복음이 먼저이다. 신앙생활의 첫 단추는 복음이다. 성공이 아니라 복음이 중요하다. 자꾸 하인예음 앞에 나를 세우고 그 복음의 거울로 나를 보아야 한다. 그 복음을 정확하게 알고 되새겨야 한다. 그러면 하인예음의 복음을 어떻게 되새길 것인가.

가장 먼저 이 말을 떠올리거나 조용히 말해보라.

"하나님은 사랑이시다."

그런데 지금 심한 고난을 당하고 있으면 하나님이 나를 사랑하지 않으시는 것같이 느껴진다. 하나님이 나를 버렸다거나 하나님이 안 계신 것 같다는 생각이 들 때도 있다. 그때야말로 이 확신이 정말 필요하다. 하나님은 사랑이시다. 이것은 절대 변하지 않는다.

힘들어하는 나 자신에게 계속 "하나님은 나를 사랑하신다"라고 말해주어라. 물론 그렇게 해도 나는 어렵다. 그게 무슨 사랑하는 거냐고 반문할 수 있고 갈등도 있을 것이다. 그래도 계속 말해주면 내가 고난 가운데 있어도 그 속에 뭔가 있다는 것을 결국 깨닫게 되고 그러면서 하나님의 사랑을 받아들이게 된다.

"하나님은 공의로우셔서 어떤 작은 죄도 용서하시지 못한다."

작은 죄도 용서하시지 못하는 하나님 앞에 서볼 때 내 잘못이 눈에 띈다. 싸운 사람이 생각나고, 그 사람이 잘못이라고 생각했는데 복음 앞에 서면 내 잘못도 보인다. 그럴 때 내가 어떤 사람이었다는 것을 다시 기억해서 아무 공로 없고 자격 없는 그 실체를 한번 보는 것이다. 나는 절대 구원 받지 못할 죄인이며 영원히 죽을 수밖에 없던 존재였음을 기억하자.

그리고 예수님을 생각하자. 그 예수님이 이런 나를 위해서 오셨다. 하나님이 하나님으로 오지 않고 인간으로 오셨을 때 얼마나 답답하겠는가. 우리는 100평 집에 살다가 좁은 원룸에 들어가 살아도 고통인데 광대하신 하나님이 인간의 몸으로 와서 제한된 삶을 산다고 생각해보면 십자가뿐 아니라 성육신의 제한된 삶부터 모두 고통이다. 하나님이 이렇게 오셔서 내가 절대로 해결할 수 없는 나의 죄를 해결해주셨고, 그분은 부활하셨다.

그분을 마음으로 믿고 입으로 시인하면 그분의 자녀가 된다는 것을 마음에 새기고 "주님, 이 복음 앞에 제가 다시 서고, 주님을 다시 한번 의지합니다" 고백하면 그때 내가 식당 봉사든 성가대든 어떤 것을 하든지 마음이 달라지고 아주 기쁘고 즐겁게 감당할 수 있다. 이렇게 매일 복음 앞에 서보면 언제나 결론은 감사밖에 없다. 그래서 아침에 일어나면 저절로 "주님, 감사합니다" 고백하게 되는 것이다. 이것이 바로 성숙한 영성이다.

예를 들어 성가대원이 주일예배 때 자리에 와 앉았다고 하자. 그러면 악보가 어디 있는지부터 찾지 말고 가만히 앉아서 잠시 복음 앞에 서보라. '아무 자격 없고 공로 없는 저에게 이런 구원을 주셔서 이 위대한 자리에 설 수 있는 은혜 주신 하나님, 그 사랑이 무엇입니까. 내가 도대체 뭐길래 이런 사랑을 주십니까' 하고 십자가 사랑을 되새기는 것이다. 이렇게 하나님, 인간, 예수님, 믿음을 차례로 다시 한번 되새기면 감사가 솟아오르고, 이런 마음으로 찬양을 하면 불협화음이 일어날 수도 없고 진정으로 하나님께 영광을 돌리게 된다.

하나님의 사랑을 먼저 알라

기도 많이 하는 것, 말씀 읽는 것, 다 너무 중요하다. 그러나 그보다 더 중요한 것이 있다. 찬양, 큐티, 전도, 선교, 교육, 이것 역시 정말 중요하지만 그것들보다 더 우선되는 것이 있다.

그것은 바로 하나님께서 마음과 목숨과 뜻을 다한 그 사랑을 묵상하는 것이다. 우리 신앙의 공통분모, 가장 크고 첫째 되는 계명은 "내 마음을 다하고 목숨을 다하고 뜻을 다하여 주 너의 하나님을 사랑하는 것"(마 22:37)이다. 이 말은 하나님께서 그분의 마음과 그분의 목숨과 그분의 뜻을 다해 나를 먼저 사랑하셨다는 것을 알고, 그 사랑을 다시 한번 묵상하고 그 사랑에 반응하라는 뜻이다.

이것이 크고 첫째 되는 계명이라는 말은 하나님께서 마음을 다하고 목숨을 다하고 뜻을 다한 그 사랑이 나에게 왔다는 것을 묵상하는 것이 가장 먼저라는 뜻이며, 신앙생활에서 가장 중요한 것이며, 이렇게 하는 것이 복음을 되새기는 것이다.

한국 사람은 목소리 크면 이긴다고, 아닌데도 맞다고 끝까지 우기는 분들이 있다. 예를 들어 몽고반점이 중국음식점이라고 우긴다든지, 으악새(억새풀의 사투리)를 새라고 우기는 분들을 보면 참 답답하다. 그런데 목사로서 이보다 훨씬 답답한 게 있다.

성도 중에 저분은 분명히 하나님의 사랑을 받고 있고, 하나님의 섭리와 선하심 가운데 하나님의 인도를 분명히 받고 있는데 정작 당사자 그 분은 모르고 있다는 사실이다. 하나님의 사랑이 뭔지 잘 모르고 예수 믿는 분을 보면 왠지 모르게 답답하다. 우리는 하나님을 사랑한다고 고백은 많이 하는데 하나님께서 우리를 얼마나 사랑하는지를 잘 모른다.

교회 다니면서 하나님의 사랑을 모르는 사람이 어디 있겠는가.

그런데 삶은 하나님의 사랑을 모른다. 머리로는 다 알지만 그 삶을 보면 아는 사람이 아니다. 알면 절대로 그렇게 살 수가 없다. 하나님의 사랑을 아는 것이 가장 먼저이다. 복음도 그 사랑을 알아야 증거할 수 있다.

아버지의 사랑이 일으키신다

군대에서 고생할 때는 제대하면 효도하겠다고 부모님께 진심으로 편지를 쓰지만 제대하면 언제 그 말 했는지 잊어버리는 것처럼, 찬양할 때는 하나님을 사랑한다는 고백이 진심이었지만 다음 날 일상으로 돌아가면 내가 언제 이 고백을 했는지 다 잊어버린다.

우리의 수준을 하나님이 아시고 아버지와 자녀의 사랑을 생각해 보도록 하나님의 사랑을 표현해주신 것이 창세기 12장에 나타난 아브라함과 이삭의 사건이다. 우리가 잘 아는 대로 하나님은 아브라함이 100세 때 얻어 금이야 옥이야 키운 이삭을 번제 제물로 바치라고 하셨다.

'병 주고 약 주나, 100세에 아들을 줬다가 왜 이제는 데려가려고 제물로 바치라 하시나….'

그래도 아브라함은 하나님께서 더 좋은 것으로 주실 것이라는 믿음이 있었으나, 그러함에도 사랑하는 아들을 제 손으로 죽여 제물로 바쳐야 하는 아비의 깊은 고민이 있었다.

결국 이삭은 죽지 않는다. 그러면 하나님은 그 일을 통해 무엇을 말씀하려고 하신 것인가. "그런 가슴 찢어지는 아비의 마음, 아픔을 가졌지만 너는 결국 네 아들을 안 죽이지 않았느냐. 그러나 나는 그 마음을 가지고 내 아들을 죽인다. 너희를 살리려고 나는 독생자 예수를 죽인다"라는 것이다.

예수는 죽는 줄 알면서도 순종했고, 그 순종하는 모습을 보시며 하나님은 가슴이 찢어지지만 온 인류를 살리기 위해 외면하고 죽이신다는 것이다. 이 사건을 통해 하나님은 내가 너희를 얼마나 사랑하는지 조금은 알겠느냐고 물으신다.

우리는 하나님을 사랑한다고 계속 고백하면서도 밖에 나가면 넘어지고, 하나님을 전혀 사랑하지 않은 것처럼 행동할 수 있다. 그러나 잠깐 그렇게 넘어질 수 있지만 우리가 다시 일어날 수 있고 일어나야 할 것은 결국 하나님의 사랑 때문이다.

기도하며 바란 것이 이루어지지 않았으면 그가 믿음이 없는 것일까? 아니다. 그 상황 속에서 하나님의 선하심으로 더 좋은 다른 길을 인도하는 하나님의 방법이 그에게 있음을 믿는다면 실패를 부끄러워하고 실망할 필요가 없다.

실수하고 실패할 수 있다. 하다가 안 되고 넘어질 수 있다. 다만 넘어져서 계속 절망 가운데 떨어지느냐, 아니면 하나님의 사랑이 어떤 사랑인지를 알고 새롭게 깨닫고 다시 일어나느냐, 둘 중의 하나이다.

처음부터 들은 것 안에 거하라

죄악 가운데 못되고 못된 인간을 살리기 위해서 죄 없고 순종적인 예수를 죽이고 그 예수 생명을 대가로 지불해 우리를 살리시는 하나님이 믿어지고 그 사랑이 가슴 속에 와 닿아야 하는데, 십자가 사건이 나하고 거리가 먼 2천 년 전의 일로만 여겨진다면 그것이 어려워진다. 당신도 그런가?

나는 아버지를 통해 6.25 사건에 대해서 참 많이 들었다. 아버지는 인민군에게 총살을 당할 뻔했는데 살아난 일, 기차 화물칸 위에 사람들이 많이 타서 깔리다시피 하여 숨도 못 쉴 정도였는데 기차가 굴속을 지나가면서 많은 사람이 받쳐서 사라진 일 등 많은 이야기를 들려주셨다.

처음에는 그 이야기를 들으면서 '야, 우리 아버지 6.25 때 진짜 고생 많이 하셨네' 할 뿐, 6.25는 나와 상관없는 일로 생각했다. 그런데 어느 순간 가만히 생각하니까 6.25 사변은 나와 직결되는 사건이었다. 그때 아버지가 돌아가셨다면, 할아버지가 돌아가셨으면 내가 어떻게 태어났겠는가. 나 자체가 있을 수 없었다.

2천 년 전에 예수 그리스도의 십자가 사건이 없었으면, 십자가의 죽음과 부활이 없었으면 교회가 어떻게 생기며 하나님을 믿고 하나님을 아버지라고 부를 수 있는 하나님의 자녀가 어떻게 생겼겠는가. 오늘, 하나님의 모든 자녀는 "2천 년 전에 있었던 십자가의 죽음과 부활 사건은 바로 내 사건입니다"라는 것이 가슴에 와 닿고 진심으로 고백되어야 한다.

> 너희는 처음부터 들은 것을 너희 안에 거하게 하라 처음부터 들은 것이 너희 안에 거하면 너희가 아들과 아버지 안에 거하리라 요일 2:24

우리가 처음 예수 믿을 때 들은 것이 복음이다. 복음을 듣고 나서 처음부터 들은 것을 너희 안에 계속해서 간직하라는 말은 복음과 더불어 살라, 복음이 생활화되게 하라는 것이다.

복음을 되새김으로 염려를 이겨라

처음부터 들은 복음 안에 거하라고 하였다. 이런 복음의 생활화가 얼마나 힘이 있는지 모른다. 세상 여건, 환경, 경제적인 문제 다 관계없다. 아무리 바위 같은 큰 문제가 있어도 복음이 생활화되면 복음은 하나님의 능력이므로 큰 문제를 부숴버린다.

예수 믿는데 삶이 무기력하고 염려 가운데서 늘 허덕이는 사람이 있다. 그런 사람은 불평불만이 많아지게 된다.

"하나님, 왜 납니까? 나는 예수 잘 믿는데 왜 안 믿는 사람이 더 잘되고 나는 이렇게 잘 안 됩니까? 왜 이런 문제가 우리 집에 있습니까? 예배 안 드린 사람은 그런 일이 없는데 왜 내게 그런 일이 있습니까?"

하나님은 우리를 죽이고 멸망시키려는 뜻이 하나도 없고, 우리를 살리고 풍성케 하시는데 왜 그런 불평불만이 나오는 것일까? 그 이유는 하나님께서 나를 얼마나 사랑하는지를 모르기 때문이다. 한마디로 복음을 놓치고 있기 때문이다.

나 또한 그런 시절이 뼈저리게 있었고, 정말 그렇게도 믿음이 좋다가 한순간에 믿음 없는 사람처럼 되어버린 분들을 볼 때도 있다. 아마 당신도 자기 스스로 '아니, 내가 이렇게 믿음이 없나?' 하고 느낄 때가 있을 것이다. 그럴 때 자괴감이 오는데 이것은 악한 영이 주는 것이다. 이때 그대로 주저앉지 말고 빨리 복음을 되새겨라. 복음을 되새길수록 염려와 무기력이 다 사라진다.

예수님은 "너희 중에 누가 염려함으로 그 키를 한 자라도 더할 수 있겠느냐"(마 6:27)라고 하셨다. 염려는 백해무익하다. 염려해서 해결되면 애초부터 대학을 염려대학 근심공학과로 갈 일이다.

먹고 마시고 입는 것에 관한 염려에 대해 "이는 다 이방인들이 구하는 것"(마 6:32)이라고 하셨다. 예수 그리스도가 없는 사람이 자기 힘으로 열심히 하다가 기댈 데가 없어서 그렇게 염려한다는 것이다. 예수 믿는데 염려하는 것은 예수님을 못 믿는 것이다.

그러므로 염려하여 이르기를 무엇을 먹을까 무엇을 마실까 무엇을 입을까 하지 말라 마 6:31

이 구절의 맨 앞에 '그러므로'가 있는데 그 앞 문맥을 보면 24절에 "두 주인을 섬기지 말라"라고 했다. 두 주인. 하나님께서 유일하게 그분과 동등시하는 것이 재물이다. 우리를 너무 잘 알고 하시는 말씀이다. 마음이 하나님에게 기울어졌다면 염려는 사라지겠지만 재물에 더 마음이 있다면 염려투성이일 것이다.

만약 먹고사는 문제에 관심을 가지면 예수를 믿어도 서바이벌(survival 생존)이다. 그러나 어려워도 하나님에 관심을 가지고 예수 그리스도에 관심을 가지고 복음을 자꾸 되새기면 그 삶은 리바이벌(revival 부활, 부흥)이 된다.

우리는 예수님만으로 충분하다고 고백하면서도 예수님 외에 또 구하고 더 달라고 한다. 염려, 걱정, 무기력은 성격이 아니라 믿음이 없어서 생기는 것이다. 믿음은 복음과 직결돼 있어서 복음을 되새기고 복음 앞에 설수록 믿음은 강해진다.

정품 그리스도인은 복음을 가지고 복음으로 모든 것을 해결하지만 가짜 그리스도인은 흉내만 낸다. 흉내 내는 신앙이 되지 말고 정말 복음으로 일어서고 복음으로 힘을 받아야 한다. 이렇게 기본에 충실하면 모든 것이 다 따라오게 된다.

위조지폐 감별사는 위폐를 연구하는 게 아니라 진짜 돈을 계속 만져본다. 그러다가 가짜 돈이 손에 잡히면 금방 알아낸다. 계속 복음을 되새기면 내가 흉내 내는 신앙인지, 어디에서 이단들이 우리 교회에 침입했는지 다 알게 된다.

그러므로 복음이 쉽다고 생각하지 말고 복음을 계속 되새겨야 한다. 복음이 성경 66권의 핵심이자 진액이며 압축파일이다. 복음을 이렇게 계속 묵상하면 최고의 은혜 가운데서 살게 될 것이다.

바쁘고 힘들수록 복음으로 돌아가라

고구마전도는 복음 덩어리이다. 복음의 핵심은 하나님-인간-예수님-믿음이다. 이 온쪽짜리 복음이 온전하게 하나님의 능력으로 작동되는 것은 후방이든 선교지든 어느 나라든 상관이 없음을 고구마전도를 통해 확증하게 되었다. 그래서 선교사 재충전 수련회도 고구마전도학교나 고구마전도 세미나와 똑같은 내용을 한다. 사실 선교사님들이 복음을 왜 모르겠는가. 그런데도 이것을 하면 완전히 첫사랑으로 회복된다.

우리는 바쁘면 바쁠수록, 아프면 아플수록, 어려우면 어려울수록 먼저 복음으로 돌아가야 한다. 여기에 회복이 있고 치유가 있고 파워가 있고 전진이 있기 때문이다. 지금 신앙생활에 어떤 상황과 어려움이 있는가. 어떤 상황일지라도 우리는 복음으로 돌아가야 한다. 혼돈스럽고 복잡하고 급속도로 변화하고 있는 이 시대의 크리스천은 한층 더 예수 그리스도의 복음을 확고히 붙잡고, 복음만이 우리의 살길이며 복음만이 한 영혼을 살리며 열방을 살릴 유일한 길임을 절실히 깨달아야 한다.

구원을 기념하고 신앙을 전수하라

구약에 물을 건너는 사건이 두 개 나온다. 하나는 홍해를 건넌 사건이고, 또 하나는 요단강을 건너는 사건이다. 홍해 사건과 비교할 때 요단강 사건에는 몇 가지 중요한 특징이 있다.

언약궤

홍해 사건에서는 홍해가 갈라져 그 갈라진 바닷길로 사람들이 들어간 반면, 요단강에서는 흐르는 강물에 제사장이 언약궤를 메고 들어서자 물이 끊겼다. 그 당시 요단강은 깊고 물살도 거셌는데 그 거센 물살이 내려오는 강에 언약궤를 멘 제사장이 이스라엘 앞에서 그대로 들어간 것이다.

오늘 우리도 요단강물같이 흐르는 세상 풍조와 삶의 방해에 제사장의 믿음으로 발을 담그면 그 문제는 끊어진다. 그런데 물론 제사장의 믿음이 필요하지만, 그냥 제사장이 아니다. 핵심은 '언약궤를 멘 제사장'이다. 믿음으로 들어가되 언약궤가 있어야 한다.

대제사장이 일 년에 한 번 언약궤가 있는 지성소에 들어갈 때 흠 없는 어린 양을 잡고 그 피를 언약궤 뚜껑(속죄소, 출 25장)에 뿌린다. 그 궤에는 우리 죄를 상징하는 죄의 종합세트와 같은 세 가지(아론의 싹 난 지팡이, 십계명 돌판, 만나가 든 항아리)가 들어 있고, 하나님은 그 죄 위에 어린 양의 피가 덮일 때 대제사장을 만나주겠다고 약속하셨다(출 25:22 ; 민 7:89).

요단강은 건널 수 없는 죽음의 강인데 어린 양의 피가 묻은 언약궤를 멘 제사장이 발을 내딛자 물이 끊어지고 죽음의 강이 생명의 길로 열렸다. 어린 양의 피만 묻어도 그렇다면 오늘 우리 가슴에 예수 그리스도의 보혈이 선명하게 있지 않은가. 그 보혈의 능력이 영생을 얻는 유일한 길이요 소망임을 마음 깊이 새기기 바란다.

두 곳에 세운 열두 돌

요단강에서는 열두 돌을 택해서 두 곳에 세우는데 첫 번째는 요단강 한가운데, 언약궤를 멘 제사장의 발이 선 곳(수 4:9)이다. 요단강바닥에 열두 돌을 세우는 의미가 무엇인가?

백성들이 강을 다 건너면 물이 다시 흘러내려 돌들이 물속에 잠긴다. 예수님을 믿고 영접할 때 우리는 복음을 얻는데, 물에 잠긴 열두 돌이 보이지 않게 되듯이 그 복음은 가슴속에 심기고 보이지는 않는다. 그러므로 열두 돌을 기념하라는 것은 내 마음에 새긴 예수 그리스도, 내 가슴속에 있는 복음을 기념하라는 것이다. 하나님의 구원 역사와 은혜를 보이지 않는 내 마음속에 깊이 새기고 기념하라는 것이다.

열두 돌을 세우는 두 번째 장소는 백성들이 유숙할 곳(수 4:8), 즉 진을 치고 먹고 자는 곳이다. 마음 깊이 새긴 하나님의 구원 역사와 은혜의 복음을 너희가 유숙할 곳, 즉 가정과 삶의 현장에 적용하라는 것이다. 이것이 요단강 도하 사건의 두 번째 특징이다. 이 두 곳에서 말하는 핵심적인 단어가 '기념'이다.

기념하라

> 그들에게 이르기를 요단 물이 여호와의 언약궤 앞에서 끊어졌나니 곧 언약궤가 요단을 건널 때에 요단 물이 끊어졌으므로 이 돌들이 이스라엘 자손에게 영원히 기념이 되리라 하라 하니라 수 4:7

이 '기념'이라는 단어는 히브리어로 '직카론'인데 물 밑에 잠긴 것이 수면 위로 부상(浮上)하여 선명하게 보이게 한다는 뜻이다. 즉 우리 인생에서 잘 안 보이는 영적인 것, 신앙생활에 뭔가 감추어져 있던 비밀이 삶을 통해 선명하게 확 드러나 보이는 것을 말한다.

먼저는 믿지 않는 이웃에게 보여줄 것이 있다. 그들이 우리를 보고 놀라면서 "저 사람은 삶이 저런데도 어떻게 저렇게 웃고 다니지? 가진 것도 별로 없는데 어떻게 그렇게 자꾸 나누지?" 하는 것이 오늘 우리 삶에 필요하다. 무슨 문제가 있을 때 당황하여 세상 사람들과 똑같으면 선명히 보이는 게 별로 없고 그들이 "우리와 똑같네, 더 야단이네" 할 것이다.

다음으로 후손들에게 삶의 간증과 신앙 스토리를 선명하게 보여주어야 한다. 우리 가족이 미국에 왔을 때 딸이 6개월간 학교 가는 것을 힘들어했다. 말이 잘 안 통하니까 답답하고 힘들었을 것이다. 토요일 저녁 가족과 함께 식사할 때마다 내가 아이들과 나눈 이야기가 있다.

"하나님께서 우리 가족 모두 정면충돌 교통사고에서 살려주셨지. 하나님이 살려주시지 않았다면 지금 이 순간은 없단다. 그렇기 때문에 너무너무 귀중한 순간들이야. 그래서 아빠 눈에 너희들과 이렇게 나누는 시간조차도 얼마나 감사하고 귀한지 모른단다."

"딸아, 너 중학교 2학년 때 아빠에게 미국 유학을 보내달라고 해서 아빠가 이유를 물어보니까 네가 이렇게 대답했지. '아빠가 외국에서 간증하실 때 제가 동시통역하려고요.' 아빠가 그 대답을 듣고 마음이 너무나 뿌듯해서 너에게 이렇게 말했던 것 기억나니? '앞으로 하나님이 너 유학 보내주실 거다.' 그 응답으로 우리 가족이 다 함께 미국에 오게 되었지."

그리고 내가 미국에서 사역하면서 겪은 어려움을 어떻게 극복했는지도 나누었다. 나는 밥 먹을 때마다 아이들과 이런 간증 이야기를 나누며 "그런 하나님이 오늘도 살아 계셔서 우리를 끝까지 좋은 곳으로 인도하고 너희들이 어려워도 그 어려움을 풀어주실 거다"라고 말해주었다. 이것이 우리 가족의 신앙 스토리이다.

크리스천이면 누구나 신앙의 간증 스토리들이 있다. 모태신앙인 분들은 나의 교통사고 간증을 부러워하기도 하는데, 예수 믿고 예수 안에 있다면 큰 사고가 아니어도 매일 평소 일과 속에서 하나님께서 새롭게 하시는 역사의 기적이 있다. 영안을 뜨고 이것을 찾아 내서 생활 속에 드러나게 해서 자녀들과 같이 나눈다면 그것만큼 좋은 신앙교육이 없을 것이다.

구원이 나에게서 끊어지지 않도록

요단강을 건넌 사건에서 아주 중요한 세 단어가 언약궤, 열두 돌, 기념(직카론)이다.

언약궤는 예수 그리스도의 죽음을 뜻한다. 핵심은 언약궤를 멘 제사장이다. 언약궤를 멘 제사장이 요단에 들어갔을 때 물이 멈추었듯이, 예수 믿고 보혈의 능력을 입은 우리가 가는 곳마다 저주가 끊기고 죽음에서 생명으로 옮겨지는 역사가 있을 줄 믿는다.

강물 속에 열두 돌이 잠기듯 우리는 시간이 지날수록 우리의 구원을 자꾸 잊어버린다. 그런 우리에게 하나님은 "이것은 보이지 않는 것이니 마음속 깊이 새겨 꼭 기억해라. 예수 그리스도의 보혈의 능력 때문에 죽음에서 생명으로 인도된 구원의 은혜를 잊지 말라" 말씀하신다.

또한 가정과 삶의 현장에도 열두 돌을 두어 기념하였듯이 구원의 은혜를 삶의 현장에서 늘 적용하고 전하라. 가슴에 있는 보혈의 능력을 자녀와 후손들에게 선명하게 드러내어 그들로 영원히 믿음의 가문이 되게 하라. 자녀들에게 뭐를 많이 사주고 해주는 것 말고 우리 가정에 주신 하나님의 역사, 엄마 아빠의 신앙 스토리를 자녀에게 말해주어라. 오늘도 하나님께서 우리에게 그렇게 말씀하신다.

구원이 나에게로 와서 끊어지면 안 된다. 그 구원이 자녀와 이웃을 향해 가도록 새 생명 가운데 행해야 한다. 가정과 삶의 현장에서 예수 그리스도의 보혈 때문에 오늘 우리가 죽음을 넘어서 영원한 생명을 얻었다고 증거할 때 물 밑에 숨겨진 것들이 확 드러나 보이듯이 구원의 은혜와 보혈의 능력이 후손과 믿지 않는 이웃에게 선명하게 드러나 보이게 될 것이다.

GOGUMA EVANGELISM

전도는
영혼 사랑이다

12장
전도란 무엇인가

가장 크고 첫째 되는 계명

율법사가 율법 중 어느 계명이 크냐고 질문하자 예수님이 신명기 6장 5절의 '쉐마 이스라엘', 즉 "이스라엘아, 들어라"라는 말씀을 인용하여 "네 마음을 다하고 목숨을 다하고 뜻을 다하여 주 너의 하나님을 사랑하라 하셨으니 이것이 크고 첫째 되는 계명이요"(마 22:37,38)라고 대답하신다.

만일 하나님께서 당신 앞에 나타나서 "너는 마음을 다하고 목숨을 다하고 뜻을 다해서 나를 사랑하라" 명령하시면 당신은 어떻게 대답하겠는가? 잘 생각해야 한다. "아멘" 하면 그대로 해야 하는데 이 땅에서 이런 완벽하고 완전한 사랑을 누가 할 수 있겠는가? 이 세상에는 그런 사람이 아마 하나도 없을 것이다.

만약 그 명령에 "아멘" 하는 사람이 있다면 아마도 그 사람은 '그렇게 되기를 원합니다'라는 마음이겠지만 그것은 답이 될 수 없다. 군대에서 "화장실 백 개 다 청소하고 나한테 보고해"라는 명령에 "예" 하고 대답했다면 그대로 실시하고 결과보고까지 해야지 "그렇게 되기를 원합니다"라고 말할 수 없다.

그런데 하나님은 하나님을 완전히 사랑할 수 없는 우리에게 그 사랑을 명령하고 요구하신다. 이것이 도대체 무슨 의미일까? 아무리 생각해도 자신이 없어 계속 묵상할 때 하나님께서 깨닫게 하셨다. 이 명령의 의미는 "마음과 목숨과 뜻을 다한 그 사랑, 내가 십자가를 통해서 이미 너에게 먼저 했다. 너는 이 사실을 닫고 알고 있어야 한다"라는 뜻이었다. 그것을 알수록 하나님께 사랑한다고 고백하는 것이 많아지고 내 삶이 변화되는 것도 체험했다.

이 사랑을 깨닫고 아는 것이 크고 첫째 되는 계명이라고 말씀하신다. 성경 66권 중에 가장 중요한 말씀이라는 뜻이며 우리 신앙생활 중에서 가장 중요하다는 의미이다.

너희가 나를 택한 것이 아니요 내가 너희를 택하여 세웠나니…

요 15:16

우리가 사랑함은 그가 먼저 우리를 사랑하셨음이라 요일 4:19

둘째도 그와 같으니

둘째도 그와 같으니 네 이웃을 네 자신 같이 사랑하라 하셨으니

마 22:39

예수님은 레위기 19장 18절 말씀을 인용하시며 이 또한 크고 첫째 되는 계명과 같다고 말씀하신다. 곧 하나님 사랑이 이웃사랑과 동격이며 이 두 계명이 신앙생활에서 가장 중요하다고 말씀하신다.

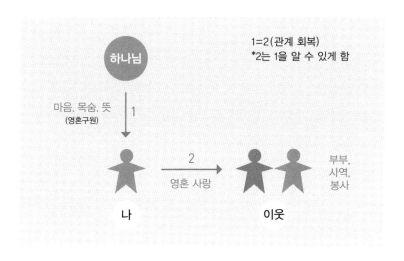

하나님께서 마음과 목숨과 뜻을 다한 사랑을 우리에게 먼저 주셨고(하나님→나) 이 사랑을 받아들인 사람을 하나님의 자녀라 한다. 이것은 하나님과 관계가 회복되었다는 의미이다. 하나님과 회

복된 이 관계를 1번이라고 하자.

그다음에 나에게 이웃을 사랑하라고 한다. 이웃이 나를 찾아오기 전에 내가 이웃을 먼저 사랑하고 먼저 찾아가는데(나→이웃), 나는 아무것도 아니며 능력이 없지만, 단지 통로가 되어서 하나님께서 마음과 목숨과 뜻을 다해 나에게 주신 그 사랑을 이웃으로 그대로 흘러가게 하라는 것이다. 그렇게 해서 이웃과 회복된 관계를 2번이라고 하자. 성경은 하나님과 나와의 관계(1번)가 나와 이웃의 관계(2번)가 같다고 말씀한다.

신앙생활에서 가장 핵심은 하나님 사랑, 이웃 사랑이다. 오늘 이 사랑을 받은 우리는 하나님을 사랑한다고 고백한다. 그런데 보이지 않는 하나님께 자꾸 사랑한다고만 하지 말고 보이는 쪽으로 가라고 하신다. 그래서 마음과 목숨과 뜻을 다한 이 하나님의 사랑을 받아들이고 깨닫는다면 "하나님 사랑합니다"의 고백과 더불어 그 사랑을 이웃에게 흘려보내라는 것이다.

나와 하나님의 관계는 눈으로 볼 수 없고 나와 이웃의 관계는 눈에 보인다. 그런데 1번과 2번은 같다. 즉 '하나님-나'의 관계와 '나-이웃'의 관계는 동격이다. 그렇다면 이것을 통해 무엇을 알 수 있는가? 보이는 '나-이웃'의 관계를 통해서 보이지 않는 '나-하나님'의 관계를 알 수 있다.

우리는 내가 지금 하나님과 관계가 좋다고 스스로 생각할지 모르지만, 그것을 증명해주는 것은 이웃과의 관계이다. 부부 사이가 안 좋다면 서로를 탓하기에 앞서 이것은 하나님과의 관계 문제이다. 저 집사가 싫어졌다면, 일단은 저 집사보다도 하나님과의 관계부터 체크해야 한다.

시어머니의 말에 스트레스받고 마음이 답답하여 잠도 잘 못 자고 밥맛이 없어졌다면 무조건 참거나 내가 어떻게 풀어보려고 하기보다 시어머니를 잠시 내려놓고 하나님과의 관계부터 풀어야 한다.

잠깐 식탁 앞에 앉아 하나님께서 마음과 목숨과 뜻을 다한 그 사랑을 나한테 주셨다는 것을 한 5분만 묵상해보라. 그러면 그 십자가 사랑, 결국 하인예음의 복음을 그 자리에서 다시 한번 되새길 수 있을 것이다. 그래서 하나님의 은혜가 마음에 촉촉해질 때 내가 그 사랑의 통로가 되어 그 사랑을 이웃(미운 시어머니)에게 흘려보내보기 바란다.

그러면 아직 잠은 계속 못 자더라도 밥맛은 조금씩 돌아올 것이다. 그리고 내가 하나님 사랑을 묵상하고 또 묵상할 때 하나님께서 그 시어머니의 마음에도 역사하신다.

내가 하고 있는 봉사나 맡은 직분이나 사역이 피곤해지고 하기 싫어진다면 그것 자체가 힘든 것이 아니라 나와 하나님과의 관계 문제임을 알아야 한다. 먼저 하나님께서 나에게 주신 완전한 사랑을 묵상하고 그 사랑에 내 마음이 촉촉하게 적셔질 때 봉사나 맡은 직분이나 사역을 바라보면 다시 재충전되고 힘을 얻을 것이다.

일단 보이는 이웃과의 관계를 통하여 보이지 않는 하나님의 관계를 먼저 점검하고 그 사랑을 묵상하며 관계를 회복하면 보이는 관계 또한 회복될 것이다.

이웃 사랑은 영혼 사랑

'하나님-나'의 관계는 영혼 구원의 관계이고, '나-이웃'의 관계는 영혼 사랑의 관계이다.

하나님이 나에게 마음과 뜻과 목숨을 다하신 이 사랑은 내가 예수 믿고 신앙생활을 열심히 하면 받는 것이 아니다. 이 사랑은 이미 십자가에서 이루어져 완성되었으므로 예수 믿으면 영혼 구원의 이 사랑은 이미 다 받은 것이다.

그것을 깨달았으면 하나님께 감사하며 하나님을 사랑한다는 것을 눈에 보이는 이웃에게 실천하라는 것이다. 이웃과의 관계 회복은 내 힘으로 자존심 접고 가는 게 아니다. 나는 아무것도 아니고 내가 하는 것도 아니며, 다만 하나님의 사랑과 복음이 나를 통하여 이웃을 향하게 하는 것이다. 그러면 이웃과의 관계가 회복되는데 이 관계는 영혼 사랑의 관계이다.

하나님에게 받은 복음은 예수 믿는 자라면 누구나 이웃에게 전할 수 있다. 하나님의 사랑을 받은 나는 상황이 어떻든 신앙의 연조나 직분이 어떠하든 관계없이 이웃을 사랑할 수 있다는 뜻이다. 단지 나는 그 사랑을 전달하는 통로에 지나지 않기 때문이다. 하나님 사랑과 이웃 사랑은 곧 영혼 구원과 영혼 사랑이다, 예수 믿고 구원을 받은 나는 이웃에게 영혼 사랑을 실천하는 것은 부담이 아니라 매우 자연스러운 일이다.

그러므로 전도는 누구나 다 할 수 있다. 내 힘으로 하려면 힘들고 어렵다고 생각하여 여러 가지 핑계를 댄다. 내가 나이가 많아서 안 되고, 가방끈이 짧아서 안 되고, 경제적으로 어려워서 안 된다, 시간이 없어 못 한다고 이유를 댄다.

내 어머니는 초등학교밖에 안 나왔고 72세에 예수 믿었는데 예수 믿고 난 후 10년 동안 친구 17명을 교회로 인도하셨다. 당신은 왜 안 되는가? 당신이 예수 믿는다고 확신한다면 하인예음의 복음을 되새겨보라. 안 되는 이유가 많은 것이 아니라 '나-하나님'의 관계 문제임을 볼 수 있어야 한다.

하나님과의 관계 회복은 마음과 뜻과 목숨을 다한 하나님의 사랑을 묵상하며 복음을 되새기는 일이다. 이 복음이 이미 나에게 와 있음을 알고, 이웃의 영혼을 바라보라. 그 영혼을 향하여 영혼 사랑의 마음을 가질 때 복음은 이웃을 구원하는 하나님의 능력으로 나타날 것이다.

용서도 십자가의 능력

이웃과의 수평적 관계가 안 좋으면 하나님과의 수직적 관계를 점검하라. 하나님의 사랑을 묵상함으로 사랑을 깨닫고 하나님과의 관계가 회복되면 그 사랑으로 이웃과의 관계를 다시 살펴라.

하나님과 나의 관계가 가장 좋을 때는 언제일까? 임종할 때이다. 그때는 하나님과 관계가 딱 붙어 있다. 예수를 믿으면서 임종할 때 "김 집사, 그때 나에게 너무 섭섭하게 해서 내가 도저히 용서 못 하겠다" 하는 사람이 있을까? 임종할 때는 모든 사람, 모든 일에 대해서 OK이다.

그런데 건강할 때는 왜 그게 안 될까? 하나님께서 우리에게 마음과 목숨과 뜻을 다하신 그 사랑을 계속해서 묵상하지 않기 때문이다. 다시 말하면 복음을 놓치고 있기 때문이다. 하인예음의 복음을 계속해서 묵상하면 그때마다 하나님이 주신 사랑과 은혜로 이웃을 사랑하는 힘이 생긴다.

"다른 사람 다 용서해도 그 인간은 절대 용서 못 해"라는 말은 하나님 입장에서 이렇게 바꿀 수 있다.

"내가 다른 사람은 다 구원시켜도 너는 절대 구원 못 시킨다."

하나님께서 그러지 않으셨기에 내가 구원받은 것인데 나는 누군가를 구별해서 절대 용서 못 한다고 한다면 그것은 하나님의 사랑을 모르고 복음을 모르는 사람이 되는 것이다.

지난날, 나도 용서 못 하는 사람이 하나 있었다. 그는 전도 일선에서 나와 같이 복음을 전한 동역자였다. 어느 날 그가 자기 집이 은행에 넘어가게 생겼다면서 며칠만 빌려주면 곧 돈이 나올 곳이 있으니 그때 돌려주겠다고 했다. 나는 "집이 넘어가면 안 되지. 며칠이니까 제가 빌려드릴게요" 하고 빌려주었으나 그 후 그 사람은 형편이 나아지고 잘 먹고 잘 지내면서도 빌려 간 큰돈을 갚지 않았다.

2001년 내가 그 사람에게 가족 모두 미국에 들어가게 되었다고 하니까 오히려 너무 기뻐했다. 나는 빌려준 돈을 한 푼도 받지 못하고 미국에 들어오게 되었다.

미국에서 내가 사역자이면서 그 사람을 계속 용서 못 하고 마음으로 힘들어할 수는 없었다. 하나님께서 나를 구원해주신 사랑을 묵상한 어느 날, 하나님께 드렸다고 생각하자고 결단하고는 한국에 나가서 그를 만났다.

바짝 긴장해서 나온 그에게 빌려 간 돈 안 주셔도 된다고, 탕감해드린다고 얘기했을 때 나는 그 사람이 "아니에요. 제가 몇십 년이 걸리더라도 얼마씩 갚겠습니다" 이렇게 나오기를 기대했고, 그러면 나도 "아닙니다" 하고 잘 마무리하려고 했다. 그런데 그가 탕감 이야기를 듣자마자 내 손을 덥석 잡고 "감사합니다" 하니까 갑자기 팽 돌고, '이건 아니지'라는 생각에 더 상처를 받았다.

하나님도 나 용서하기 힘드셨겠구나

돌아와서 하나님과의 관계를 계속 체크하고 묵상했지만 사실 용서가 잘되지 않았다. 이게 하나님 말씀인데, 말씀은 맞는데 현실적으로 잘되지 않았다. 그런데 계속 하나님의 사랑을 묵상하는 동안, 어느 순간 하나님께서 나에게 이렇게 말씀하시는 것이었다.

"내가 너를 용서할 때도 나는 수천 번 생각했다."

그 음성을 듣는 순간, 얼마나 감사의 눈물을 흘렸는지 모른다. 그 눈물과 함께 한순간에 깔끔하게 해결되어버렸다.

"그래, 용서하자."

이것이 십자가의 놀라운 능력이다.

내가 가진 복음을 매일 되새겨라. 그리고 이웃과의 관계에서 누군가 용서하지 못할 사람이 있다면 하나님과의 관계에 문제가 있음을 알고 먼저 '하나님-나'의 관계를 묵상하라.

사실 수백 번해도 용서가 힘들 것이다. 그러나 어느 순간 '하나님이 나를 용서하기가 엄청 힘드셨겠구나. 그럼에도 불구하고 내가 용서받았구나' 하고 깨달아지면 하나님의 사랑으로 마음이 젖어들고 용서에 한 걸음 더 나아갈 수 있을 것이다.

마태복음 18장 23-35절에 주인에게 일만 달란트 탕감받은 종이 100데나리온 빚진 동료에게 빚을 갚으라고 옥에 가두어버린 비유가 나온다. 1데나리온은 하루 품삯으로 100데나리온은 100일치 품삯이다. 그런데 1달란트가 6천 데나리온이므로 일만 달란트는 6천만 데나리온이다. 무려 16만 년이 넘도록 일을 해야 갚을 수 있는 액수로, 절대 갚지 못한다는 뜻이다.

이 비유에서 보듯이 하나님께서 나에게 허락하신 십자가의 용서는 이 땅에서 도저히 갚을 수 없는 엄청난 구원의 은혜이다. 이것을 받은 내가 이웃에게 용서를 못 한다면 참으로 십자가로 이루어진 용서의 가치가 어느 정도인지를 모르는 사람이 아니겠는가?

너희에게 영혼 사랑의 섬김이 있느냐

요한복음 21장에서 예수님이 부활 후 세 번째로 나타나신다. 옛날 직업으로 돌아가서 그물 던지고 있는 베드로와 다른 제자들에게 예수님이 "얘들아 너희에게 고기가 있느냐"(5절)라고 물으시는데 이 구절의 '고기'는 신약성경에 단 한 번 등장하고 예수님이 생전에 처음, 그리고 마지막으로 사용하신 특별한 단어이다.

이 '고기'의 헬라어 원어가 '프로스파기온'(προσφάγιον)이다. 제자들이 물고기를 잡고 있으니 너희에게 물고기가 있느냐고 물으신 것 같지만 물고기는 '익투스'(ἰχθύς)이고 여기 쓰인 '고기'는 '프로스파기온'이다.

'프로스파기온'의 뜻은 맛있는 진수성찬이다. 손님을 대접하려고 상다리가 부러지게 차려놓은 중에서도 최고로 값지고 최고로 신경 써서 맛있게 한 음식을 '프로스파기온'이라 한다. 그러면 마음을 다해서 손님을 최고로 섬긴다는 의미인데, 너희에게 '프로스파기온'이 있느냐는 것은 영혼 사랑의 섬김이 있느냐는 말이다.

주님의 최고의 섬김은 십자가이다. 섬김을 받으러 오신 것이 아니라 도리어 섬기려고 오셔서 많은 사람의 생명을 위한 대속물로 자신을 드리신 십자가 사건이 우리를 최고로 섬기신 것이다. 그렇다면 하나님을 최고로 섬기는 것은 십자가를 자랑하는 것인데 그것이 너희에게 있느냐는 것이다.

이어지는 상황은 누가복음 5장과 똑같아 보인다. 물고기가 안 잡혔고, 예수님이 그물을 배 오른편에 던져라(요 21:6), 깊은 곳으로 던져라(눅 5:4) 말씀하셨고, 자기의 경험으로는 깊은 곳에 그물 던지면 고기가 없지만 말씀에 순종해서 깊은 곳으로 던졌더니 엄청나게 많이 잡혔다(눅 5:5).

그런데 누가복음 5장 6절에서는 "그물이 찢어지는지라"라고 했다. 그때는 '프로스파기온'이라는 단어를 사용하지 않았다. 반면 영혼 사랑의 프로스파기온을 말씀하신 이때는 "그물이 찢어지지 아니하였더라"라고 했다.

예수 믿고 나서 이제는 하나님께서 이 섬김을 기뻐하시고 굉장히 바라셔서 그 섬김이 있느냐고 물어보시는데 이것이 깨달아지는 순간 사람이 달라진다. 하나님은 내 속에 영혼 사랑의 섬김이 있고 예수님과 십자가를 자랑함이 내 삶에 드러나기를(직카론) 원하시는데 그것이 최고의 섬김(프로스파기온)이고 그렇게 됐을 때는 그물이 찢어지지 않는 것이다.

오늘까지 우리가 열심히 뛰었는데 무엇을 가졌는가. 그렇게 오랜 세월 열심히 뛰었으면 엄청난 부(富)가 있어야 할 텐데 이쪽으로 돈

날리고 저쪽으로 건강 잃고 뭐가 있는가. 그러나 영혼 사랑의 섬김이 있는 한 물질도 영적인 것도 건강도 빠져나갈 수 없다. 하나님은 지키고 보호하실 것이다.

왼편의 인생은 나의 유익을 구하는 신앙생활이다. 그저 내 새끼 위하고 내 기도만 하는 삶이다. 그러나 오른편의 인생은 귀한 섬김이다. 이웃을 소중하게 여기는 영혼 사랑의 섬김이다. 그리고 하나님을 섬기는 최고의 표시로 예수님을 자랑하는 것이다. 하나님은 우리가 주님이 바라지 않으시는 왼편의 인생에서 오른편으로 가기를 원하신다.

두 친구

나는 부모님이 불교를 믿으셔서 자연스럽게 불교를 믿게 됐고, 뭔가를 한번 맡으면 열심히 하는 스타일이라 열심히 하다 보니 사관학교 4학년 때는 불교회장을 맡을 정도였다. 그렇게 열심히 불교를 믿던 사관생도 시절에 특별히 기억나는 두 명의 동기생이 있다.

혼자 새벽기도를 가던 친구

사관생도 시절, 1학년이 정말 힘들어서 그때는 그만두는 사람도 많다. 그런데 그 힘든 1학년 때 매일 새벽기도를 가는 동기가 있었다. 고등학교 때까지 공부만 하다가 사관학교에 들어오면 규율도

엄격하고, 5시에 기상 해서 하루 종일 군사훈련도 받고, 각자의 전공도 있어서 고등학교 때처럼 8시간 수업을 받으면서 그 공부도 해야 한다. 그렇게 빡빡한 일과를 보내며 피곤한 생활을 하면 잠이 10분이라도 아쉬운데 그 동기는 새벽 4시면 일어나 새벽기도를 가곤 했다.

그때는 그를 보며 미쳤다고 생각했지만, 나중에 생각해보니 그렇게 어려운 가운데 새벽기도를 나가는 19살 아이는 얼마나 믿음이 든든하기에 그럴 수 있었던 것일까 싶기도 했다. 믿는 사람이라고, 믿음이 좋다고 다 새벽기도를 나가는 것은 아니니까. 물론 본인이 힘들었기 때문에 하나님을 붙잡는 시간을 가졌던 것일 수도 있겠지만 말이다.

그런데 그 친구와 내무실 동기생으로서 2년을 한 방에서 먹고 자고 했는데 그 친구가 한 번도 내게 "기동아, 너 예수 한번 믿어봐라"라는 말을 한 적이 없다. 오히려 내가 그 친구에게 "너 우리 절에 한번 와봐라. 우리 절 이름이 호국사인데 시루떡 뜨끈뜨끈한 거 나온다. 호국사로 함 와봐라"라고 이야기했다.

그 친구는 무슨 믿음이었을까. 동기생에게 피해를 준다, 방해한다, 같이 내무실에 있으니까 예수 믿으라고 했다가 상대방이 받아들이지 않으면 2년 내내 서로 어색할 것이다, 그런 마음이었을까? 그렇지 않으면 구원이라는 감격이 무엇이고 하나님 아버지의 마음은 어떤 마음이고 내가 받은 그 구원의 은혜가 어느 정도인지를 몰라서 말을 안 한 것일까?

내가 하나님을 만나고 난 다음에 그 친구가 생각났다.

'그 친구는 왜 나에게 예수 믿으라는 말 한마디 안 하고 가만히 있었지?'

졸업 후 10년쯤 지나서 이 친구를 만났다. 이 친구가 내 소식을 듣고 "기동아, 네 믿음 다 알려지고 네 간증도 내가 들었다. 이제 우리 믿음 안에서 서로 만났네. 반갑다"라며 인사를 해왔다. 그때 내가 그의 손을 잡고 물어봤다.

"내가 하나님 만나고 나서 너를 보고 싶었다. 너 그때, 어려울 그 때, 4시에 새벽기도를 나가서 1시간 기도하고 온 그 믿음, 하나님 만난 그 믿음이 왜 나한테는 2년 동안 같이 먹고 자고 하면서도 예수 믿으라고 한마디도 안 했냐? 그것이 궁금하다."

그러자 이 친구 하는 말,

"그때 네가 이렇게 잘 믿을 줄 누가 꿈에라도 알았냐."

꿈에도 몰랐겠지…. 시간이 없는데 우리는 무엇을 기다리는지. 우리는 신앙생활하면서 무슨 일들을 하고 있는지. 한 사람이 죽어 가는데도 무엇을 하고 있는지.

하나님 아버지의 간절한 마음 때문에 구원의 혜택은 먼저 받아 놓고 그 구원의 은혜를 잊어버리고, 보이는 상황 속에서 아등바등 하며 비본질에 힘을 빼앗기고 시간을 빼앗기는 그리스도인을 보시 면서 하나님 아버지의 마음은 찢어진다.

뿌리쳐도 예수를 전하고 기도해준 친구

'장도수'라는 또 다른 동기가 있었다. 이 친구는 모태신앙이었다. 모태신앙인 사람들이 젊었을 때는 잠깐 어긋나는데 그래도 기도가 쌓이니까 돌아온다. 이 친구는 집이 구미에 있는데 어느 날 집에 갔다가 갑자기 변해서 돌아왔다(그때는 나도 몰랐다).

이 친구가 할 말이 있다면서 나와 단둘이 만나고 싶다고 했다. 나는 무슨 큰일이 있는 줄 알고 만났는데 도수가 내 두 손을 꽉 잡더니 "기동아, 너 예수 믿었으면 좋겠다. 내가 기도할게"라고 말했다. 나는 무슨 큰 이야기를 하는 줄 알았다가 어이가 없어서 "지금 이 얘기가 다냐?" 했더니 그게 다리고 했다. "에이 씨, 뭔데 그렇게 심각하게 이야기하냐" 하면서 막 야단을 했다.

그 후로도 도수는 나만 만나면 손을 잡고 "기동아, 내가 네 기도하고 있다. 네가 예수 믿으면 하나님나라 위해 하나님이 너를 굉장히 사용하실 거야" 했는데 "나 그런 거 모르겠고 나한테 더 이상 그런 소리 하지 마라. 나 지금 불교다. 절 다니는 사람을 그러지 말고 종교가 없는 사람한테 이야기해라" 하며 그의 말을 뿌리쳤다. 이 친구와 본래 친했는데 만나면 자꾸 예수 믿으라고 하니까 그때부터 조금씩 만나기가 싫어지고 관계가 약간 서먹서먹해졌다.

도수가 유학을 떠나게 되어 공항으로 배웅을 나갔다. 나는 같이 고생하고 친했던 동기를 보내면서 끈끈한 우정으로 깊은 이야기도 나누고, 포옹하면서 "공부 열심히 하고 우리 다음에 만나자" 이렇게 말할 생각이었다.

그런데 공항에서 만나자마자 도수가 "기동이 왔어? 그래, 고맙다" 하면서 내 손을 잡고 "너 언젠가 하나님 앞으로 돌아올 거야" 하는데 기분 잡쳐버렸다. '아이, 뭐야. 진짜 이건 너무 빠졌는데' 하는 생각이 들면서 "가라, 가라" 하고 마음에도 없는 말을 해버렸다. "기도할게" 하는 친구에게 "기도하지 마라. 가라. 나도 부처님한테 기도할게" 하면서 그렇게 헤어졌다.

시간이 흘러 도수가 결혼한다는 연락이 왔다. 플로리다주 마이애미 연합장로교회에서 만난 자매와 교회에서 결혼한다는 것이었다. 나는 친했으니까 사실 미국까지 가고 싶었는데 교회에서 식을 올리는 것이 별로 안 좋았고, 만나면 또 예수 이야기를 할 테니 그것도 내키지 않아서 아예 "그래, 나 못 간다. 그런데 축하한다"라고만 말했다. 속마음은 정말 가고 싶었지만 표현하지는 않았다.

그러고 나서 내가 교통사고 당하고 예수를 믿게 되었을 때 도수 생각이 났다. 병실에서 미국으로 전화를 걸었다.

"도수야, 기동이야."

"오, 기동아. 시간이 안 맞는데(내가 새벽에 걸었다) 너 몇 시야? 무슨 일 있어?"

"도수야, 나 예수 믿는다. 나 예수 믿고 교회 간다."

"……"

"듣고 있어? 나 예수 믿어."

"……"

수화기 너머로 북받쳐 오르는 흐느낌을 억누르듯 떨리는 숨소리가 들려왔다.

"니 우나?"

"기동아, 내 기도 응답이고 최고의 결혼 선물이야! 고마워."

"뭐가 고마워, 내가 예수 믿는데. 근데 네 생각난다."

그 친구가 보고 싶어서 한 달 뒤에 가족들을 다 데리고 마이애미로 갔다. 공항에서 마중 나와 있는 친구에게 다가가 아무 말 없이 껴안았다.

"기도해줘서 고맙다."

"기동아, 우리 하나님의 자녀네."

그러면서 둘이 막 우는데 처음 만난 부인들은 아무것도 모르고 옆에서 같이 흑흑 울고, 아이들은 아빠 왜 그러냐며 매달리고….

당신은 어떤 친구가 되기 원하는가. 가까이 있어도 자기 신앙으로 그저 자기 어려운 것만 하나님께 비는 크리스천이 될 것인가, 아니면 내가 만난 예수님, 내가 받은 그 구원을 내가 좋아하는 사람, 가까운 사람에게 먼저 말하는 사람이 될 것인가. 어느 편 인생이 될 것인가.

내 위치를 알아야 전도의 방향을 안다

우리는 하나님께서 기뻐하시는 방향으로 일을 시작하지만 어떤 환경이나 염려나 문제에 의해서 자꾸 방향이 뒤틀리곤 한다. 악한 영은 그 일이 하나님께서 기뻐하시는 방향으로 가지 않도록 자꾸 무슨 문제를 일으켜서 방향을 튼다.

방향이 틀어진 것을 모르고 그대로 가면 나중에 열매가 없으니까 '내가 부족했나 보다' 하고 더 열심히 틀어진 쪽으로 가고, 그러다 하나님께서 기뻐하시는 방향과는 완전히 거리가 동떨어지게 된다. 무엇부터 어떻게 수정해야 할지 막막해져 버린다. 그러면 신앙생활을 열심히 했는데도 불구하고 결과는 너무 허망하다.

정말 중요한 것은 속도와 시간이 아니고 위치와 방향이다. 위치를 파악하면 방향 잡는 것은 시간문제이다. 지하철 역사 내에서 역사 바깥의 목표지점을 가려고 할 때 지도를 보고 현재 자신의 위치를 알면 방향을 잡을 수 있다. 빨간 화살표로 표시된 현재 내 위치를 기준으로 이쪽은 어디고 저쪽은 어딘지 곧 방향이 잡히며, 지상에 있는 건물로 나가는 출구를 쉽게 찾을 수 있다.

그러므로 먼저 위치를 파악하는 것이 가장 중요하다. 자신이 지금 어디에 있는지 모르면 뭐가 잘못됐는지도 모르고 '왜 나는 이런 문제가 올까' 고민만 하게 된다. 위치를 잘못 선정해서 엉뚱한 데서 헤매고 있으면 불안하고 두렵고 기쁨이 없고 역사도 일어나지 않지만, 바른 위치에 있으면 기쁨이 오고 파워가 있다.

'전도'가 멀리 있는 것 같지만 위치만 제대로 잡으면 방향도 아주 쉽게 잡혀서 기쁨과 평강이 오고 역사가 일어난다.

위치를 파악하는 5가지 진단 질문

기독교인의 위치파악은 곧 정체성 찾기이다. 위치를 파악하는 5가지 진단 질문에 스스로 답해보라. 형태는 다르지만 원론적으로는 모두 같은 질문이다.

첫째, 당신은 왜 지금 그곳에 살고 있는가?

직장 때문에, 자녀 학군 때문에, 원래부터 여기 살아서 등등의 대답이 나올 수 있을 것이다. 그 대답이 안 믿는 자와 똑같은 답은 아닌가? 우리는 구별되어야 한다. 거룩한 족속으로 선택받았는데 안 믿는 자와 대답을 똑같이 한다면 이미 위치를 잃어버린 것이다.

둘째, 지금 하는 그 일은 왜 하는 것인가?

먹고 살기 위해서, 전공이 이쪽이라서, 우리 아이들 공부시키려고, 어떻게 하다보니까 이 일까지 하게 되었다 등등…. 이번에도 불신자와 같은 대답은 아닌가? 사실 그 내용이 맞다. 그러나 우리는 그렇게 말하면 안 된다. 만일 스스로 이런 대답을 한다면 자신의 위치가 잘못된 것이다.

셋째, 왜 그 교회를 섬기고 있는가?

아는 사람이 있어서, 어머니가 다녀서, 아니면 목사님의 설교가 너무 좋아서 등 이유가 있을 것이다. 그런데 목사님의 설교가 좋아서라면 만일 그 목사님이 은퇴하면 교회를 떠날 것인가? 교회 시설이 잘되어 있어서라면 더 시설 좋고 프로그램 좋은 교회가 근처에 들어오면 옮길 것인가?

그런 이유는 몇 년 안에 없어지기 쉬운데 그러면 계속 다닐 이유가 없게 된다. 또 상처를 받거나 내 기분 틀어지면 언제고 옮긴다는 소리를 할 수 있다. 잘못된 이유로 교회에 왔다면 잘못된 이유로 가게 된다. 이런 식으로 신앙생활 한다면 자신의 위치가 잘못돼 있는 것이다.

넷째, 왜 예수를 믿고 있는가?

예수를 믿고 구원을 받았으면 된 것 아닌가? 이미 구원받았는데도 왜 계속 예수를 믿고 있는가? 어려울 때 기도 좀 하려고? 도움받으려고? 계속 안 믿으면 찝찝해서? 그냥 예수 믿으니까 믿는 거지 등등… 이런 대답을 하고 있다면 뚜렷한 목적이 없이 끌려가는 신앙생활이므로 자신의 위치가 잘못되어 있는 것이다.

다섯째, 이 땅에 왜 태어났는가?

"아니, 내가 태어나고 싶어서 태어났나?" 하면서 그냥 열심히 사는 거라고 대답하는 정도라면 불신자가 하는 이야기와 다를 바가 없다.

위치 파악은 나의 정체성 찾기

하나님이 그들에게 복을 주시며 하나님이 그들에게 이르시되 생육하고 번성하여 땅에 충만하라, 땅을 정복하라, 바다의 물고기와 하늘의 새와 땅에 움직이는 모든 생물을 다스리라 하시니라 창 1:28

하나님은 많은 생명체를 창조하시고 "생육하고 번성하고 충만하라"라는 세 가지 축복의 명령을 하셨다. 마지막으로 우리 인간을 창조하시고는 동일하게 "생육하고 번성하고 충만하라"라고 축복하시고, 다른 생명체에는 없는 두 가지 축복의 명령을 더하셨는데 그것이 "정복하고 다스리라"라는 것이다. 이것은 우리의 존재 목적이 다른 생명체와는 다르다는 것이다.

이 "정복하고 다스리라"라는 명령은 아담과 하와가 선악과로 범죄하기 전에 주신 명령이었지만, 불순종으로 하나님을 떠난 인간들 가운데 오늘 예수 그리스도를 통해서 다시 하나님을 만난 크리스천에게 유효한 축복의 명령이다. 여기에 우리의 존재 목적이 선명하게 나타난다. 다시 말하면 앞서 5가지 질문의 대답이기도 하다.

믿는 자는 "당신은 왜 그곳에 살고 있는가?", "지금 하는 그 일은 왜 하는 것인가?", "왜 그 교회를 섬기고 있는가?", "왜 예수를 믿고 있는가?" "이 땅에 왜 태어났는가?"라는 질문을 받으면 모두 동일하게 이렇게 대답해야 한다.

"정복하고 다스리기 위해서."

예를 들어 당신이 서울에 산다면 서울 사람들을 만날 수 있지만 미국에 있는 나는 여기서 서울 사람을 만날 수 없다. 나는 미국에 와서 처음에 동부 메릴랜드에서 사역하다가 서부 LA로 와서 한인 교회가 없는 지역에서 교회를 개척했고 그곳에서 숨어 있는 한인을 많이 만나서 전도하고 교회로 인도했다. 메릴랜드에서는 만날 수 없는 사람들이었다. 내가 살고 있는 주변의 사람들은 나는 만날 수 있지만 타 지역에 사는 사람들은 만날 수 없는 사람들이다.

그러니까 우리가 각자의 지역에 사는 것은 그곳에서 그 지역 사람들을 만나 정복하고 다스리도록 하나님께서 그렇게 살게 하신 것이다. 그 직장을 다니고 그 학교를 다니는 이유도 마찬가지다. 정복하고 다스리기 위해서이다. 그러면 어떻게 정복하고 다스린다는 것인가?

복음으로 정복하고 섬김으로 다스린다

세상은 무력으로 정복하고 다스리고 돈으로 정복하고 다스린다. 예수 믿는 사람은 복음으로 정복하고 섬김으로 다스린다.

우리는 하나님, 인간, 예수님, 믿음의 이 온전한 하인예음의 복음으로 정복한다. 어떠한 지식인이든 권력자나 정치인이든 이 복음 앞에 무릎 꿇게 돼 있다. 배움이 짧고 나이가 많고 환경이 안 좋아도 내가 복음을 가지고 있기에 세상을 이 복음으로 정복할 수 있다면 하나님의 축복 명령은 이루어지게 돼 있다.

섬김의 목적은 무엇일까? 마가복음 10장 45절에 "인지기 온 것은 섬김을 받으려 함이 아니라 도리어 섬기려 하고 자기 목숨을 많은 사람의 대속물로 주려 함이니라" 하였다. 예수님이 오신 것은 섬기기 위함이고, 그 섬김의 목적은 많은 사람의 대속물이 되어 영혼을 구원하는 것이다. 그래서 복음으로 정복하는 목적은 영혼 구원이고 섬기는 방법은 영혼 사랑이다.

복음으로 정복하고 섬김으로 다스리는 이것이 하나님의 자녀 된 자들의 정체성이고 존재 목적이고 올바른 위치이다. 그렇다면 이제 어디를 정복하고 다스릴 것인지, 즉 방향을 알아야 한다. 우리가 정복하고 다스릴 곳은 가나안이다. 역사적인 가나안은 소돔과 고모라이고 궁극적인 가나인은 천국인데 지금 내가 사는 이 땅에서 가나안은 믿지 않는 세상이다.

내 앞의 직장 동료, 내 가정의 믿지 않는 그 사람이 내가 정복하고 섬길 가나안이다. 가정에서 다스리고 싶은가? 섬겨라. 가정에서 남편을 정복하고 싶은가? 복음으로 하라. 그들을 섬기고 복음을 이야기해주어라.

내 힘으로 하면 지친다. 참고 참다 속병이 들어 나중에는 터지고 만다. 그러나 복음은 하나님께서 내게 주신 사랑이고 우리의 섬김은 그 복음으로 하는 것이기에, 우리가 복음으로 정복하고 섬김으로 다스리는 위치를 제대로 알고 행하면 하나님의 사랑이 무한정 공급된다.

우리를 세상에 보내시는 아버지의 마음

하나님 아버지께서 모든 것을 창조하신 후, 정복하고 다스릴 존재로 우리를 지으시고 "정복하고 다스리라" 하시며 세상에 내놓으실 때의 그 간절한 마음을 생각해보라.

열대어를 키운다고 생각해보자. 수족관에서 비닐봉지에 열대어 몇 마리 사 와서 욕조에 바로 풀어놓아 키우지 않는다. 유리 어항 사다가 바닥에 모래 깔고, 가짜 수초도 심고, 물레방아도 넣어 돌게 하고, 열대어는 새끼를 낳고 잡아먹으니까 새끼 집도 따로 마련하고, 형광등과 산소 공급기도 갖춰준다. 수돗물 받아서 며칠 두어 소독약 다 날아간 후에 어항에 채우고 수온도 잘 맞춘다.

그런 모든 준비를 마치고 열대어를 풀어주는데 "며칠 살다가 죽어버려라" 하는 사람은 없다. "밥 잘 먹고 건강하고 새끼 많이 낳고 행복하게 오래오래 잘 살아라. 내가 퇴근하고 나면 내 기쁨이 되어주렴" 하면서 축복하는 마음으로 풀어주지 않는가.

이같이 하나님도 모든 것을 다 준비해놓고 나서 인간을 세상에 내놓으실 때, 생육하고 번성하고 충만할 뿐만 아니라 정복하고 다스리라고 하셨지 어디 숨어버려라, 어디서 헤매고 다녀라, 하지 않으셨다.

"아담아 네가 어디 있느냐?"

하나님이 죄를 짓고 숨은 아담을 부르실 때 어디 있는지 몰라서 찾느라 부르신 것이 아니다. "너 도대체 무슨 일이야? 정복하고 다스리라고 했지 왜 거기 숨어 있어?"라는 음성이다.

우리는 아담처럼 숨어버리지 말자. 예수 안 믿는 척하고 술자리에 묻어가지 말고, 예수 믿는다고 하면 거래처 끊길까 봐 예수 모르는 척하고 숨어 있지 말자. 정복하고 다스려야 할 나의 정체성을 기억하고, 하나님께서 주시는 힘으로 섬기고 하나님께서 주신 복음으로 내가 서 있는 세상을 정복하자.

신앙생활에서 위치와 방향이 정말 중요하다는 사실을 다시 한번 기억하고, 누구를 만나든지 무엇을 하든지 어디를 가든지 하나님께서 원하시는 방향으로 가게 해 달라고 기도하자.

전도는 Being, Doing, Telling이다

전도란 무엇이냐고 사람들에게 물어보면 대개 증인의 삶, 복음을 전하는 것, 내가 만난 예수를 전하는 것, 하나님의 지상명령 등으로 표현한다. 전도자로서 신학교에서 공부할 때 보니 전도의 정의가 참 많은데 현장에서 느낀 것과 학문적인 정의가 서로 잘 안 맞아서 매우 고민이 되었다.

그러던 중 나의 지도교수이신 빌리 그래함 스쿨의 척 로로스 (Chuck Lawless) 박사님이 인용하신 전도의 정의가 내게 확 와 닿았고, 전도의 현장을 많이 경험한 나로서는 이 정의가 가장 정확하고 확실하다는 생각이 들었다.

"Evangelism is being, doing and telling the Good News of Jesus Christ depending on the try on God to draw his own an to himself."
전도란 하나님의 선택된 백성을 그분에게 이끌기 위하여 삼위일체 하나님을 의지해서 예수 그리스도의 복음을 being, doing, telling으로 전하는 것이다.

그렇다. 전도는 삼위일체의 하나님을 의지하여, 예수그리스도의 복음을 자신의 정체성(Being)으로, 삶의 행위(Doing)로, 말(Telling)

로 전하는 것이다. '전도'라고 하면 대부분 telling을 생각한다. 예수 믿으시냐고 찔러보는 것도, 하인예음의 복음을 전하는 것도 다 telling이다. 그런데 전도는 telling만이 아니고 being, doing, telling이다. 이것이 핵심이다.

Being

being은 크리스천으로서의 정체성 문제이다. 하나님나라의 백성으로서의 정체성이 확고하여 구원의 확신 가운데 서 있으면 주변에 영향을 미쳐서 이미 반은 전도되고 있다.

선교지 여러 나라에서 선교사 재충전 수련회를 할 때 이 수련회에는 여러 교단에서 파송 받아 오랜 기간 그 지역에서 선교하시는 베테랑 선교사님들도 참석하신다. 그 분들은 각 교단에서 선교전략 짜고 선교정책 세우고 선교훈련 시키는 분들인데, 강의를 듣고 나에게 공통적으로 하시는 말씀이 "다 아는 내용이고 다 들었던 내용인데 이상하게 강의를 들으면 가슴에 불이 붙고 정말 실천해야겠다는 다짐을 하게 된다"라는 것이다.

알고 있던 것인데 왜 그럴까? 나는 그것을 전하는 사람의 확신 문제로 본다. 사람은 정체성이 바르면 확신에 차 있는 모습이 말과 행동에서 나오기 마련이다.

크리스천의 정체성은 크리스천으로서, 하나님의 자녀로서 나는 왜 존재하느냐는 존재 목적을 알 때 확고히 세워진다. 이 정체성에 관해서는 앞서 나의 위치를 파악하는 5가지 진단 질문과 "정복하고 다스리기 위해서"라는 두 가지 존재 목적을 통해 설명해두었다.

Doing

doing은 삶의 모든 분야에서 영혼 구원에 초점을 맞추고 행하는 모든 행동을 말한다.

첫째, 사람 낚는 어부의 일을 하는 행위이다.

예수께서 이르시되 나를 따라오라 내가 너희로 사람을 낚는 어부가 되게 하리라 하시니 막 1:17

만나는 사람마다 영적 젓가락으로 찔러보는 행위, 결국 전도하는 행위가 doing에 해당한다.

둘째, 무슨 일이든 누구에게든 마음을 다하여 주께 하듯 하는 행위이다.

무슨 일을 하든지 마음을 다하여 주께 하듯 하고 사람에게 하듯 하지 말라 골 3:23

청소를 해도 '우리 예수님이 오실 자리', 설거지를 해도 '우리 예수님이 쓰실 그릇' 이런 마음으로 하면 얼마나 깨끗하게 치워지겠으며 그 일을 할 때 무슨 불만이 있겠는가.

셋째, 작은 자에게 냉수 한 그릇 주는 행위이다.

> 또 누구든지 제자의 이름으로 이 작은 자 중 하나에게 냉수 한 그릇이라도 주는 자는 내가 진실로 너희에게 이르노니 그 사람이 결단코 상을 잃지 아니하리라 하시니라 마 10:42

큰 것을 생각하지 말고 작은 것부터 시작해보라. 연약한 자에게 우러나오는 대로 조금이라도 주님의 사랑을 실천해보라. 예수님의 이름으로 어린아이 하나를 영접하면 곧 예수님을 영접함(막 9:37)이라고 하셨는데 우리가 작은 자, 연약한 자를 대접하는 일에 인색하지 않았으면 좋겠다.

호텔에서 하룻밤 자면 방 청소하는 메이드 팁으로 대개 1달러 놓고 나온다. 그런데 그 사람의 삶을 생각해보라. 미국에서는 남편 없이 아이들 세 명 키우고, 생계를 책임지고 있는 여성들이 참 많다. 그래서 나는 10달러 놓아두곤 한다. 그러면 그들이 놀라고, 어떤 때에는 잘못 놓고 갔다고 메모가 되어 있기도 했다. 그런데 그렇게 후하게 팁을 준 일로 나도 곤란한 상황에서 도움을 받고, 그 메이드에게 복음을 전한 일도 있다.

가정에서도 작은 것부터 변화되는 모습을 보여주는 것이 아주 중요하다. 나는 설거지를 하면 밥풀이 묻어 있기도 하고 아내가 원하는 만큼 깨끗하게 제대로 안 되니까 아내가 주방에 들어오지도 못하게 한다. 대신 아내는 주방 주변 어질러진 것 좀 정리해주고 쓰레기통 비워주기를 바랐는데 나는 그것조차 하지 않았다. 그런데 어느 날 딱 결심하고 쓰레기 비우고 깨끗하게 정리해놓았더니 아내도 좋아하고 아이들도 "와~, 아빠가 변했어요" 해서 나도 뿌듯했던 기억이 있다. 이렇게 행동이 작은 데서부터 변하는 것 역시 doing에 속한다.

Telling

telling은 말하는 것이지만, 모든 행위가 다 전도의 doing인 것은 아니듯이 우리가 하는 모든 말이 다 전도의 telling인 것은 아니다. doing이 영혼 구원에 초점을 맞추고 하는 행동을 말하듯이 telling도 영혼 구원에 초점을 맞추고 말하는 것을 가리킨다.

나일스(D. T. Niles) 목사님은 "전도란 거지가 빵을 발견하면 같은 거지에게 말을 하여 알려주는 것과 같다"라고 말했다. 오늘 우리가 생명의 떡을 먼저 발견하고 그 떡을 먹고 있으면 우리가 믿지 않았을 때와 같이 영적 거지 상태로 있는 사람들에게 생명의 떡을 알려주어야 하지 않겠는가.

존 스토트(John R. W. Stott) 목사님은 《전도하지 않는 죄》(Our Guilt Silence, CLC)라는 책에서 "불신자가 우리를 향해서 핍박하는 것이 문제가 아니라 우리가 그들 앞에 입을 다물고 있는 것이 문제"라고 하였으며, 전도자 무디(D. L. Moody)는 "부모들은 그들의 자녀들이 벙어리로 태어나는 것을 커다란 재난으로 생각한다. 그들은 그 사실에 큰 슬픔을 느낄 것이다. 그러나 당신은 하나님의 자녀 가운데 벙어리가 많다는 사실을 생각해 본 적이 있는가? 교회는 그러한 자들로 가득 차 있다. 그들은 그리스도를 증거하지 못한다"라고 말했다. 하나님의 자녀로서 우리는 하나님 아버지 앞에서 우리는 반벙어리인가 벙어리인가.

세 가지 telling

고구마전도에서 우리가 말하는 telling에는 세 가지가 있다.

첫째는 사람을 고구마로 비유하고 그 고구마가 익었는지 안 익었는지 찔러보는 영적인 젓가락이다.

"예수 믿으십니까?"라며 푹 찔러보는 것과 그냥 가만히 있는 것은 다르다. 질문을 던져서 상대가 믿고 안 믿는 것은 하나님 주권이다. 거절하고 되쏘는 상황에서는 "그래도 믿어야 합니다. 너무 좋습니다"라고만 하면 된다. 이렇게 거절이나 반대에 대한 부담을 넘어서면 어디서든 누구에게든 예수 믿으시냐고 물어볼 수 있게 된다.

그런데 자꾸 묻다(찌르다) 보면 믿기 원하고 교회 나가기 원하거나 긍정적인 반응을 하는 사람이 꼭 있다. 이런 익은 고구마의 발견은 말하면 있고 말 안 하면 없다. 그래서 telling을 해봐야 한다. '저 사람은 안 믿을 거야'라며 미리 판단하고 입 딱 다물고 있는 것이 가장 안 좋은 것이다.

둘째는 익은 고구마에게 제시할 하인에음의 복음이다.

"혹시 저에게 1분만 시간 내어주실 수 있으세요?" 하여 허락을 받으면 하인에음의 복음을 전하면 된다. 내 경험으로는 거의 예수를 영접한다. 이런 현장은 얼마나 큰 기쁨과 감격이 오는지 경험해본 사람들은 알 것이다.

매일 복음 앞에 서서 복음을 되새기면 전도를 할 때도 이 하인에음의 복음을 바로 제시할 수 있고 영접기도까지 잘 안내할 수 있을 것이다.

셋째, 내가 예수를 만난 간증이다.

우리 삶에는 자신이 예수를 만난 간증이 꼭 있어야 한다. 간증은 믿지 않는 사람이 마음 문을 여는 데 큰 힘을 발휘한다. 익은 고구마든 생고구마든 대화할 수 있으면 간증으로 풀어가는 것이 도움이 된다.

내가 교통사고로 믿게 되었다고 하면 특히 모태신앙 중에 그런 확실한 간증이 있어서 좋겠다고 부러워하는 사람이 많다. 언제 어떻게 예수님을 만났는지 모르겠다는 사람들이 많은데 그렇다 해도 예수를 믿는다면 그 사람은 예수를 만난 것이다. 그런 사람은 "어느 날 저는 예수님을 만났습니다" 이렇게 표현해도 된다.

간증은 간단해야 한다. "저는 1952년에 서울에서 태어나서⋯" 이런 것은 간증의 개념을 모르고 하는 자기소개서이지 간증이 아니다. 또 나눌 얘기가 많더라도 한꺼번에 다 할 필요가 없고 그중 한 개념만 잡아서 하면 상대에 따라 적합한 간증을 들려줄 수 있다.

"예수 믿기 전에는 이런 게으름이 있었고 아니면 이렇게 무디고 나태했는데 예수 믿고 나서 이렇게 변했다"든지, "나는 근면하고 성실하고 내가 혼자서 잘하면 난 잘살 줄 알았다. 그러다가 이런 일이 생겨서 그게 아님을 깨닫고 예수를 믿게 되었다"든지, "예수 믿기 전에 나는 여자들이 한번 교회 다니면 교회에 빠져서 그 밀로가 완전히 다 미치는 것인 줄 알았다. 그런데 내가 예수 믿고 나서 이러이러해서 그것이 아님을 알게 되었다"든지, 이런 식으로 예수 믿기 전과 후의 변화를 한 개의 개념을 기준으로 말해주는 것이 좋다.

Being, Doing, Telling은 삶 자체이다

being, doing, telling은 균형을 잘 맞추는 것이 중요한데 시소와 같은 형태가 가장 바람직하다. 먼저 being이 기본적으로 중심을 잘 잡는 것이 중요하다. 나의 정체성이 내 마음에 확신 있게 자리 잡고 자주 되새기는 것이다. 그 위에서 doing과 telling의 균형을 잘 맞추어야 한다.

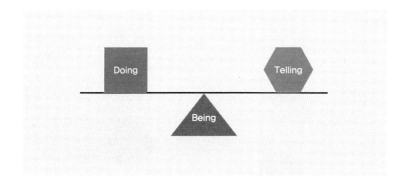

전도를 참 잘해서 전도의 열매는 많은데 돈을 빌려 가서는 안 갚는 사람이 있다. 자기 할 일이나 도리는 대충하고 집안일은 엉망이면서 전도한다고 바쁜 사람도 있다. telling은 되는데 doing이 안되는 경우이다. 전도자들 가운데 이렇게 한쪽으로 기운 사람이 상당히 많다.

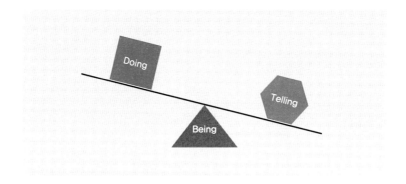

반대로, doing은 괜찮은데 복음을 전하는 일에는 입을 딱 다물고 있는 사람이 있다. 그러면서 전도를 꼭 말로 해야 되냐, 행동으

로 보여주면 되지 않냐 하는데 그 얘기는 사실 말로 전도하는 게 두렵다는 뜻이다.

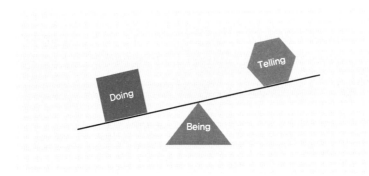

나는 doing이 약한지 telling이 약한지 스스로 살펴보고 약한 쪽을 의도적으로 끌어올려서 doing과 telling이 균형을 잘 이룰 수 있도록 해야 한다.

크리스천에게는 being, doing, telling의 이 전체가 삶 자체이다. 전도가 being, doing, telling이라면 이렇게 결론 내릴 수 있다.

"전도는 삶이다."

우리의 삶 자체가 전도인 것이다. being이 중심을 잘 잡고 doing과 telling이 균형을 이룰 때 우리는 빛 되신 하나님 영광의 반사체가 되어 세상에 하나님을 비추고 하나님께 영광 돌리며 살 수 있다.

전도는 하나님의 마음을 아는 것이다

나는 아버지의 성격이 아주 엄하고 불같아서 늘 아버지가 무서웠다. 그런데 내가 어릴 적, 그런 아버지가 고혈압 때문에 병원에만 가면 의사 앞에서 순한 양이 되시는 것을 보고 나는 의사가 되겠다고 결심했다. 그 꿈은 고등학생이 될 때까지 변하지 않았고 꼭 들어가려고 열심히 공부했다. 그런데 어느 날, 학교에서 돌아왔는데 부모님이 다투는 소리가 밖에까지 들렸다.

"기동이 의대 못 보낸다. 무슨 수로 6년을 의대 공부를 시키냐. 돈이 어딨냐? 못 보낸다."

"쟤가 못하면 모르지만 하려고 하는데 왜 못 도와줘요. 나는 허리가 끊어져도 보낼라요."

그 소리를 듣는데 갑자기 정신이 확 들었다.

'집이 이렇게 가난한데 내가 의사 되려고 가는 것이 맞나?'

6년 동안 어머니가 뒷바라지하느라 고생하실 생각을 하니 내가 어머니를 죽일 것만 같고, 내가 잘못 생각한 거 아닌가 싶어 갑자기 죄책감이 들기 시작했다. 그래서 의사의 꿈을 내려놓고 공짜 공부하는 데를 찾아보다가 사관학교가 4년 동안 먹여주고 재워주고 입혀주고 품위 유지비까지 준다는 것을 알게 되었다. 그중 해군사관학교 입시사정관이 사관학교를 나와도 소위 임관 후 국립의과대학 위탁 교육으로 의사 공부를 마치면 군의관으로 의사가 될 수 있으며 해사(海士)는 다른 데 없는 세계일주도 한다고 해서 부모님에게는 말하지 않고 해군사관학교에 지원했다.

당시 경쟁률이 48대 1. 자신은 별로 없었는데 1차 합격을 했다. 아버지는 네가 어떻게 해군사관학교에 합격했냐고 기뻐하시는데 옆에서 어머니는 근심 어린 얼굴로 "니 의사 된다 하지 않았나. 사관학교는 훈련이 세고 고생한다는데, 군인 된다는 말은 나 오늘 처음 듣는다" 하며 섭섭해하셨다. 그때 어머니 손을 꼭 잡고 눈을 바라보면서 "어머니, 사실은 저 군인 되고 싶었어요. 거기서 의사 군의관이 될 수 있대요. 그래서 제가 군인 되고 싶었어요"라고 말했다. 사실 추호도 되고 싶지 않았지만 어머니의 경제적인 짐을 덜어드리고 숨통을 트게 해드리려고 그렇게 말했다.

기뻐서 춤추시는 부모님

신체검사와 3차 면접까지 모두 통과하여 마침내 최종합격을 했다. 합격통지서를 들고 집에 돌아오니 벌써 동네 입구에 합격 축하 플래카드가 붙고 마을 사람들이 장구며 징, 꽹과리를 치며 우리 집으로 와서 잔치가 벌어졌다,

그때 나는 생전 처음 부모님이 춤을, 그것도 두 시간을 쉬지 않고 추시는 모습을 봤다. 아버지는 그냥 손만 들고 왔다 갔다 하시는데 어머니는 다리도 사뿐사뿐 들고 얼마나 예쁘게 추시는지, 나는

어머니가 그렇게 춤 잘 추시는 것을 처음 알았다.

또 기이한 것은 부모님이 손을 잡고 추는 모습이었다. 항상 아버지가 저만치 앞서가면서 빨리 안 온다고 고함 지르고 어머니는 뒤따라 가시곤 했는데 두 분이 손잡는 것을 처음 봤다. 내가 철이 없을 때 반찬 투정하고 가난에 대한 분노를 당신들 앞에서 쏟아내곤 했는데도 부모의 기쁨이 되니까 그분들은 예전 일 다 잊어버리고 그렇게 좋아하셨다.

나중에 어머니가 소천하시기 전에 눈물을 흘리며 "기동아, 미안하데이. 그리고 고맙데이" 하셨다. 집에 돈이 없어서 의사가 되도록 밀어주지 못해 미안하고, 경제적인 짐을 덜어줘서 고맙다는 마음이신 것 같다. 그리고 "천사가 와서 기다린다" 하고 웃으면서 주무시듯 가셨다. 지금도 어머니가 그립고 아쉽지만, 부모님 춤추시던 것만 생각하면 입가에 미소가 지어지고 그렇게 기쁘게 해드렸다는 것에 위안이 된다.

아버지의 간절한 마음을 공유하라

우리는 하나님의 자녀다. 신앙생활 오래 했든 짧게 했든, 성경을 많이 알든 잘 모르든, 하나님의 자녀가 되었다면 가장 중요한 일은 하나님 아버지의 마음을 아는 것이다.

우리가 어떤 일을 할 때 하나님 아버지께서 기뻐하실까. 여러 가지가 있겠지만 정말 춤을 추며 가장 기뻐하시는 것은 우리가 하나님 자녀의 기본적인 도리로서 하나님 아버지의 마음이 어떠한지를 아는 것, 하나님 아버지의 마음을 공유하는 것이다.

하나님의 기쁨이 되려면 잃어버린 영혼을 향한 하나님 아버지의 간절한 마음을 내 마음에 공유해야 한다. 양 아흔아홉 마리를 들에 두고 잃어버린 한 마리를 찾아 나선 목자의 비유에 잃어버린 영혼을 향한 하나님의 간절한 마음이 들어가 있다.

목자가 양 아흔아홉 마리를 들에 두고 잃어버린 한 마리를 찾아 나선다는 것은 아흔아홉 마리를 들에 내버려 두는 것이 아니라 백 마리 다 귀하게 여긴다는 의미이다. 며칠 뒤 또 한 마리를 잃어버린다면 목자는 그 잃어버린 양을 찾아 나서기 때문이다. 백 마리를 다 사랑한다는 뜻이다. 그러나 목자에게 가장 시급한 것은 들짐승들에게 노출되어 생명의 위협이 있는 잃어버린 양이다.

예를 들어 자녀가 다섯 명 있는데 위의 넷은 다 대학 나왔는데 막내는 중학교를 중퇴했다 하자. 부모의 마음은 막내에게 가 있지만 첫째가 어떤 병으로 수술해서 입원해 있다면 부모는 그 수술한 자녀에게 간다.

오늘 하나님에게 가장 급하고 마음 쓰이는 대상은 잃어버린 영혼이다. 물론 교회 안에 있는 자녀들도 다 돌보고 찾아가시지만, 지금 악한 영이 도둑질하고 죽이고 멸망시키려 하는(요 10:10) 교회 밖의 영혼들 때문에 하나님의 마음이 급하고 간절하다.

예수님이 오신 것은 잃어버린 자를 찾아 구원하려 함(눅 19:10)이요, 믿음의 결국은 영혼의 구원(벧전 1:9)이다. 잃어버린 자에 대한 하나님 아버지의 간절함 때문에 오늘 우리가 구원을 받은 것인데, 그 혜택을 먼저 받은 우리의 관심은 어디 있는가. 오늘 간절함이 그저 월급 오르고 재산 늘고 건강하고 내 자식 잘되는 데에만 있고, 잃어버린 영혼에 대해 간절한 아버지의 마음을 공유하지 못한다면 그는 불효자식이다.

하나님의 마음은 아이 잃은 부모의 심정이다

단 5분이라도 아이를 잃어버린 경험이 있는 부모라면 혼비백산한 그 심정을 알 것이다. 나는 큰애가 3살 때 10시간 이상 그 아이를 잃어버린 적이 있다. 온 데 다 찾아 헤매고 경찰서에 연락 다 하고 전화기만 바라보고 있는데 기다리는 동안 얼마나 불안한지. 그때 내 마음은 다른 생각은 하나도 없고 오직 아이를 찾아야 한다는 생각으로만 가득했다. 그리고 이미 이런 각오가 돼 있었다.

'못 찾으면 직장이고 뭐고 다 사표 내고, 전단지 찍어서 전국 고아원 다 뒤진다.'

아내는 애 찾느라 3시간을 헤매다가 돌아왔는데 늘 단정하고 화장에 공을 들이던 스물일곱 살 새댁이 머리는 산발이고, 눈물로 아이섀도우가 볼에 시커멓게 흘러내렸고, 신발 한 짝을 잃어버려 새끼

발가락이 다쳐 피가 났는데도 모르고 "여보, 어떡해요, 어떡해" 하며 울기만 했다.

예수를 믿고 난 후 하나님 아버지의 마음이 아이 잃은 부모의 심정과 똑같다는 것을 알게 됐다. 한 가족이라면 오늘 하나님 아버지의 마음을 알아야 한다. 부모는 동생을 잃어버려서 전단지 돌리며 전국 고아원 다 뒤지다가 파김치가 되어 돌아왔는데 잃어버린 아이의 형에게 "동생한테 무슨 연락 온 것 있더냐" 물었더니 "저는 숙제한다고 잘 모르겠어요" 한다면 그 형은 가족이 맞는 것인가?

우리는 하나님을 아버지라고 고백하면서 하나님께서 찾으시는 잃어버린 영혼을 함께 찾는 일에는 별 관심이 없다. 아니 애써 외면한다. 성경 잘 몰라서, 이제 갓 믿어서, 바빠서, 몸이 안 좋아서, 돈 버느라, 공부하느라, 중요한 약속 지키느라… 여러 이유를 말하지만 그 성도는 정말 하나님의 가족인가 묻고 싶다.

아버지 당신의 마음이 있는 곳에
나의 마음이 있기를 원해요
아버지 당신의 눈물이 고인 곳에
나의 눈물이 고이길 원해요
  - '하나님 아버지의 마음' 중에서

당신이 흘리는 눈물은 무엇인가. 오늘 하나님 아버지는 잃어버

린 영혼을 간절하게 찾는데 "저는 직장이 안 잡혀 힘들어요. 괴로워
요", "저는 지금 내 새끼 때문에 골치 아파요", "그런 건 열심 있는
사람만 하는 거지, 저는 잘 모르겠어요" 하며 부모님이 찾든 말든
동생 잃어버린 것을 나 몰라라 하고 살고 있다면 그는 불효자이다.

아버지의 기쁨을 공유하라

잃어버린 영혼에 대한 하나님 아버지의 간절한 마음을 품고자 한
다면 그 영혼을 찾았을 때 그렇게 기뻐하시는 하나님의 마음을 상상
해보라. 죄인 하나가 회개하면 회개할 것 없는 하늘에 있는 의인 아
흔아홉으로 인하여 기뻐하는 것보다 더하리라고 하였다(눅 15:7).

스바냐서 3장 17절은 "너의 하나님 여호와가 너의 가운데에 계시
니 그는 구원을 베푸실 전능자이시라 그가 너로 말미암아 기쁨을
이기지 못하시며…"라고 말씀한다. 기쁨을 이기지 못한다는 것이
무슨 의미인가? 굉장히 기쁠 때 어떻게 표현하는가? "나 기쁨을 이
기지 못해"라고 말하는가? 하나님께서 기쁨을 이기지 못하는 것은
말하자면 너무 기뻐서 덩실덩실 춤을 추신다는 것이다.

자식이 힘든 부모 사정 알아주고 이제 힘든 뒷바라지가 끝나게
된 것으로도 기뻐서 부모님이 손을 맞잡고 춤을 추신 것처럼, 미천
한 나 때문에, 그저 잃어버린 영혼 돌아오기를 원하시는 하나님 아
버지의 마음을 조금이라도 공유하고 있는 나 때문에 하나님께서 기

뻐서 춤을 추신다는 것이다. 그럼 이야기는 끝난 것이다.

잃어버린 지 10시간 만에 큰애를 찾았다. 밤에 나도 잘 모르는 사람이 아이를 안고 왔다. 퇴근길에 우리 집에서 다섯 정거장이나 떨어진 버스 정류장에서 울고 있는 아이를 발견했는데 얼굴을 보니 나를 닮은 것 같아서 경찰서로 데리고 가기 전에 우리 집에 일단 먼저 데리고 왔다고 했다.

누가 벨을 눌러서 나가보니 문 앞에 갑자기 그 분이 우리 애를 안고 서 있는데 이건 기적이었다. 애 엄마가 눈물이 말라서 울지도 못하는 애를 받아 안고 욕실에 가서 씻기다가 30초마다 한 번씩 "어디 갔다 와, 어디 갔다 외" 히며 껴안고는 울면서 기뻐했다.

나도 다섯 살 때 부산 수영해수욕장에 갔다가 가족을 잃어버린 적이 있다. 미아보호소에서 울고 있는데 저쪽에서 어머니가 땀을 뻘뻘 흘리며 오시더니 "어디 갔다 왔냐, 어디 갔다 왔냐" 하며 막 때리기 시작하셨다. 그게 반갑다는 뜻이었다. 나도 엄마를 찾았으니까 맞아도 좋았다. 그러고 나서 어머니가 한참 동안 나를 가만히 껴안고 계셨는데 지금도 그 품을 잊을 수가 없다.

스포츠신문에 사진과 함께 "미아를 찾습니다"라는 문구를 본 적이 있다. 잃어버린 지 2년부터 20년까지 있었다. 아이를 잃어버린 경험이 없을 때는 아이 간수도 잘하지 못했다고 부모들을 비난했지만 아이를 잃어버린 경험을 하고 난 후에는 애타게 찾는 부모의 마음을 공유하게 되어 미아 찾기에 조금이나마 동참하기 시작했다.

나와 함께 즐기자

집에 와서 그 벗과 이웃을 불러 모으고 말하되 나와 함께 즐기자 나의 잃은 양을 찾아내었노라 하리라 눅 15:6

잃어버린 영혼을 찾으면 하나님께서 그렇게 기뻐하신다.

"내가 한 영혼을 찾았을 때 얼마나 기쁜지 너희도 한번 그 기쁨을 함께 맛보아라. 이 세상에서 그 기쁨보다 더한 기쁨은 없다."

내 사업이 잘되고 집에 돈이 갑자기 많아지고 자녀가 잘되면 물론 너무 기쁘지만, 그것은 일시적이며 이 땅에 불신자든 어떤 종교를 가진 사람이든 그럴 때 기뻐하지 않을 사람은 없다.

그러나 내 환경이 어렵고 안 좋아도, 한 영혼을 찾았을 때 그 잃어버린 영혼이 예수 믿는 일에 내가 조금이라도 관련되었다면 그 영혼이 돌아온 하나님의 기쁨과 함께하는 나도 얼마나 기쁜지. 그 기쁨은 문제를 이겨버리고, 나를 문제 앞에 담대히 나아가게 한다. 하나님께서 이것을 알고 함께 즐기자고 말씀하시는 것이다.

문제를 해결해달라고 기도하지 말고 그 문제를 이기게 해달라고 기도하라. 그러나 그 문제를 어떻게 이기는가. 나의 힘과 노력으로가 아니다. 하나님 아버지의 마음을 알고 조금이라도 동참함으로써 넘치는 기쁨으로 이긴다.

그 기쁨을 생각해보라. 나는 가족 안에서 잃어버린 자였다가 먼저 부모를 찾아 부모 품에 안긴 사람이다. 그러니까 잃어버린 영혼이 돌아왔을 때 하나님께서 기뻐하시는 것을 이미 경험하고 그 혜택을 본 우리는 기본적으로 이 마음을 공유해야 한다.

그렇게 잃어버린 영혼에 대한 간절한 마음, 잃어버린 영혼을 찾았을 때 하나님께서 춤을 추면서 기뻐하시는 마음을 공유한다면 이제는 잃어버린 자를 찾는 이 일에 조금이라도 동참해야 한다.

13장
전도에 대한 오해들

교회 한 번만 같이 가주라

전도대상자 중에 교회로 데려올 사람이 있고, 그런 사람은 당연히 데려와야 하지만 처음부터 교회로 데려오려고 하는 전도는 잘못된 것이다. 전도는 Being, Doing, Telling의 삶 전체로 영향력을 미쳐서 정말 내가 확신으로, 행동으로, 말로 주님을 증거했을 때 데리고 올 자가 생기는 것이다. 그래서 우리가 기도하는 것이다.

교회로 데리고 오려고 접근하다 보면 다 넘어지고 만다. 나도 그런 실패를 많이 해보았다. 초신자일 때, 불신자 초청 집회가 있어서 담임목사님이 4개월 전부터 강조를 하셨다. 나도 한 사람은 데려가야지 싶어서 아주 친한 친구에게 설렁탕을 사주면서 "야, 한 명씩 데려오라는데 나는 너밖에 없다. 한 번만 와주라" 하고 부탁했다. 그런데 이 친구가 처음에는 "야, 내가 니 교회를 왜 가?" 하면서 화를 내는 것이 아닌가.

처음에는 정말 섭섭했다. 이 친구는 1년에 두세 번씩은 새벽 2시에 술 잔뜩 취해 전화해서는 "기동아, 내가 지금 어딘지 모르겠다" 하는 녀석이었다. 그러면 나는 그 시간에도 차 갖고 가서 그 친구를 찾아 집에 태워다주곤 했는데, 내가 술 먹고 전화한 것도 아니고 교회 한번 오라는 것을 이렇게 한마디로 거절할 수 있나 싶어서 섭섭했다.

그래도 꾹 참고 점심때마다 설렁탕 사주고 마지막에는 도가니탕까지 사주면서 다시 이야기하니 이 친구가 국물을 쭉 들이켜고 입을 쓱 닦고는 "언제야?" 그래서 날짜를 알려주고 예배 10분 전에 본당 앞에서 만나기로 했다.

그날이 됐다. 교회에서는 장미 한 송이씩 주는데 나는 그것으로 성이 차지 않아서 뉴코아백화점에 가서 장미와 안개꽃으로 큰 꽃다발을 준비하고 본당 앞에 서서 기다렸다. 그런데 예배가 시작하고 10분, 20분 지나도 친구가 나타나지를 않았다. 늦게 도착할까 싶어 나는 예배도 못 드리고 계속 본당 앞에서 기다리고 서 있었는데 결국은 예배가 다 끝났다.

친구에게 전화했더니 등산 갔다는 것이다. 마지막에 확인하려다가 긁어 부스럼 될까 봐 일부러 참고 말 안 했는데…. 설렁탕 네 그릇에 도가니탕에 꽃다발에, 본전 생각도 나고 얼마나 화가 나던지.

꽃다발을 쓰레기통에 집어 던지고 다음 날인 월요일 아침에는 내 사무실이 아니라 친구 사무실로 출근했다.

문을 벌컥 열고 들어가 "너 어제 왜 안 나왔어?" 했는데 무심하게 되묻는 말이 "어, 어제였냐?" 게다가 속상한 내 마음을 막 이야기하는데 "뭐 그런 것 갖고 그러냐?"라는 한마디에 더 화가 나서 "'그런 것 갖고? 야, 이 십 원짜리야!" 내 목소리가 더 커졌고, 다음에 간다는 말에 "끝났어, 임마" 하고 쏘아붙였다(가을에 초청할 기회가 또 있었는데 이때 끝났다는 말을 하지 말 걸 그랬다).

교회로 데려오려면 이런 시험이 오기 쉽다. 새신자 초청 집회나 총동원 주일에 특히 이런 일이 많이 생긴다. 교회로 데리고 오려고 접근하다 보면 다 넘어지고 만다. '저 사람을 꼭 교회를 데리고 와야겠다' 하는 그 열정은 이해하지만, 그 사람이 안 오면 못 오는 것이고, 온다고 해놓고도 90%는 펑크내는데 사람을 믿고 온다는 말을 철석같이 믿으면 믿은 만큼 상처를 입게 마련이다.

그 후로도 많은 약속에서 펑크가 났지만 나는 개의치 않았다. 약속해도 어기는 경우가 많지만 "끝났어, 임마" 하지 않고 뭐라고 하지 않고 빙긋 웃으며 차 한 잔 주면 상대방이 미안해서 구구절절 변명을 하며 언제 가겠다고 먼저 이야기할 때도 있다.

출장 가면 전도 안 할 것인가?

　이민 사회에서 우리 교회로 데리고 오는 전도를 하려고 한다면 전도 대상이 한국 사람에게만 국한된다. 그러면 이웃에 사는 외국인 다민족에게 전도할 생각은 전혀 하지 않고, 사무실에서 늘 만나는 외국인 직원에게도 전할 생각을 안 하게 되고, 다른 도시로 출장 가게 되어도 여전히 입을 다물게 된다. 그래놓고 "여기는 한국 사람이 없어서 전도할 데가 없다"라고만 말한다.

　나라든 도시든 다른 지역에 출장 가도 거기서 만나는 사람(다민족이든 한국인이든)이 분명히 있을 테고, 그러면 그에게 "예수 믿으십니까" 한번 물어보고 하인예음을 말할 수 있다. 물론 멀리 출장 가서 전도한 그 사람이 이번 주에 우리 교회에 올 리는 없다. 하지만 여러 가지 유익한 여파가 있고 적어도 두 가지가 달라진다.

　하늘나라에 그 전도의 수고가 다 올라가서 상급이 쌓인다. 그리고 예수를 전하고 돌아왔을 때 나의 주일예배 상황이 달라진다. 말씀을 받는 기준이나 초점이 새로워지고 영적인 여유가 생긴다. 출장 가서 많이 바빴고 몸은 피곤하지만, 일만 하고 온 게 아니라 한 사람 찔러보고 예수님을 전했다는 것이나 더 나아가 그에게 복음을 제시했다는 뿌듯함은 영적으로 큰힘을 얻게 하고 예배를 새롭게 하는 시너지를 낸다.

　그래서 교회로 데리고 오려는 전도는 무소부재하고 광대하며 모든 믿는 자들에게 구원을 주시는 하나님의 능력을 축소시키는 결과를 초래한다. 하나님께서 원하시는 것은 'Anywhere(어디서나), Anytime(언제든지), Anyone(누구에게든지)'인데 교회로 데려오려고만 한다면 영적 시야가 너무 좁은 것이다.

누가 낸 점수일까

　야구 경기를 생각해보자. 1번 타자가 나와 안타를 쳐서 1루에 갔다. 아직 점수는 안 났다. 2번 타자가 나와서 보내기 번트를 했다. 자기는 죽었지만 1루 주자는 2루로 갔다. 아직도 점수는 안 났다. 3번 타자가 나와서 2루타를 쳤다. 3번 타자는 2루까지 가고 2루에 있던 주자는 홈인했다.

　1점이 났다. 이 점수는 누가 낸 것인가? 3번 타자일까, 1번 2번 3번 타자가 같이한 것일까? 같이한 것이다. 한 영혼이 하나님나라에 홈인했을 때, 하나님은 맨 마지막에 교회로 인도한 사람뿐 아니라 그때까지 그 한 영혼을 위해 전하고 권하고 중보기도한 사람들을 다 똑같이 쳐서 함께 복을 주신다.

　그 한 사람이 예수를 영접하기까지 많은 사람이 "예수 믿어라" 전했고, "안 믿는다, 너 혼자 잘 믿어라" 거절당해도 "그래도 예수 믿어야 된다" 하며 권하고, 찔러보고, 옆에서 중보했다. 그러니 맨 마지막에 교회로 인도한 사람은 교만하면 안 된다. "드디어 내가 이 사람 전도했다"가 아니라 "하나님의 때가 돼서 하나님께서 그 사람을 저한테 맡겨주신 거예요"라고 표현하는 것이 맞다.

내가 처음 전도를 시작하고 나서 5년 동안 토요일이면 오후 3시부터 주일 밤 1시까지, 가족과 주말을 한 번도 보내지 못하고 혼자 전도를 너무 열심히 했는데 마침내 아내가 견디다 못해 터져버리고 말았다. 그래도 아내가 차분히 얘기해주고 하나님께서 지혜를 주셔서 화해하고 아내도 전도에 동참하여 토요일 오후에 2시간만 전도하고 아이들과 밖에서 저녁 먹고 좋은 시간을 보내게 되었다.

그런데 하나님께서 그것을 받으시고 엄청난 열매를 주셨다. "혹시 여기 김기동 씨라고 계시나"면서 사람들이 나를 찾아오기 시작한 것이다. "그 분이 저한테 교회를 권하셔서 오게 됐다", "지난번에 그분에게 이걸 받아서 찾아오게 됐다" 하고, 예전에 나를 핍박했던 사람도 찾아왔다. 나중에는 신기할 정도로, 내 이름을 대며 물밀 듯이 막 오기 시작하는데 내가 기억 못 할 정도로 정말 열매가 많았다.

내가 직접 데리고 온 것이 아니지만, 언젠가 쳐둔 안타, 보내기 번트, 희생 플라이로 주자들이 속속 홈인하기 시작한 것이다. 그것을 하나님께서 이 고구마전도를 통해서 다시 한번 깨닫게 해주셨고, 그 후로도 고구마전도로 아무 부담 없이 찔러보는 가운데 열매가 더 많이 나오게 되었다.

수평 이동은 하나님나라의 부흥이 아니다

다른 교회 다니는 교인을 우리 교회로 오라고 부르지 말라. 그것은 전도가 아니고 오른쪽 주머니에 있던 만 원이 왼쪽 주머니로 옮기는 것일 뿐이다. 그러면 내 돈은 여전히 만 원이다. 그렇게 옮겨간 것을 가지고 부흥했다고 하면 안 된다. 하나님나라의 부흥이 어떤 부흥인가?

설교 잘하는 목사님이 교회를 개척해서 1년에 천 명이 모였는데 그 천 명이 다 주변의 작은 교회에서 왔다면 작은 교회는 다 쪼그라들지 않겠는가. 이런 수평 이동이 한국 교회와 이민교회에서 매우 고질적인 문제이지만 사실 수평 이동은 막을 길이 없다.

교회 리더가 윤리적 또는 도덕적으로 큰 잘못을 저질러 교회가 엉망이 되었을 때 살려고 하는 경우는 어쩔 수 없지만, 잘 다니고 있다가 다른 교회가 좀 더 나은 것 같아서 쉽게 옮기는 것은 그리 건강하지 못하다.

각 사람이 "내가 왜 이 교회를 섬기게 됐는가?"를 스스로 묻고, 정복하고 다스릴 존재로 살아야 함을 깨닫고, 하나님께서 보내주신 곳에서 복음으로 정복하고 섬김으로 다스리는 삶을 살아야 교회에도 개인에게도 유익이 될 것이다.

나는 소중한교회를 처음부터 기존 한인교회가 없는 곳에서 개척했고, 교회를 이전할 때도 마찬가지였고, 특별한 사정이 있어서가 아닌 한은 수평 이동을 받지 않고 있다. 성도들에게도 다른 주로 이사 가는 것 외에는 어떤 시험이 있어도 교회를 옮기지 말고, 만일 옮긴다면 복음 전파의 사명을 가지고 공식 파송식을 하고 가야 한다고 말씀드린다.

실적 위주의 보여주기식 전도

교회로 데려오려는 전도는 새신자 초청 집회 즈음이나 전도왕 시상이 있는 경우에 보여주기 위한 실적 위주의 전도로 퇴색할 우려가 높다. 당장은 모여서 좋지만 등록교인을 양산하기만 하는 좋지 않은 면도 있다.

어느 집사님이 전도에 열심을 내게 되어 첫해에 10명을 전도해 교회에 등록시켰다. 다음 해를 맞으면서 10명보다 많이 해야겠다는 생각이 들었다. 그래도 숫자만 막 채운 것은 아니고 정말 순수하게 했다. 이듬해에는 20명을, 그다음 해에는 30명을, 그다음 해에는 50명 정도를 전도했다.

이 집사님은 해가 갈수록 작년보다 많이 하려고 애를 써서 전년도보다 훨씬 많이 전도했다. 첫해와 두 번째 해에는 순수하게 했는데, 세 번째 해에는 한 가지 달라진 것이 있었다. 교회에서 전도왕이라는 타이틀과 함께 부상으로 금 열 돈을 받았는데 나중에는 그 금 열 돈이 보이기 시작한 것이다.

그러니 새해에도 '작년보다 전도를 더 많이 해야겠는데…'라는 생각을 하면 잠도 안 오고, 계속해서 그렇게 할 자신도 없고, 자신도 모르게 우울해지기 시작했다. 작년에 이어 올해도 전도왕이 되고 금 열 돈 받으면 너무 명예로우니까 열심히 하는데 그게 어느새 변질되기 시작한 것이다. 그러자 이제는 일대일로 전도하는 게 아니라 버스로 실어 나르기 시작했다.

버스를 대절하고 양로원 같은 데 가서 할머니들에게 선물을 준다면서 버스에 태워 교회 데려오고 만 원씩 봉투에 넣어서 드렸다. 교회에서는 버스를 보고 놀라며 대단하다고 했지만, 그분들을 등록시키고 다시 버스에 태워 보내고 나면 그다음 주에는 왔는지 안 왔는지 "나는 몰라요"였다. 그리고 새로 또 데리고 가고….

목사님은 너무 좋아하셨지만 그 집사님은 나름대로 스트레스가 심했다. 한번은 목사님이 저쪽에서 "오, ○집사" 하는데 모른 척하고 다른 길로 가 버렸다. 작년보다 많이 해야 하는데 그해에는 12월이 다 되도록 전도 숫자가 작년에 한참 못 미쳤다. 작년보다 숫자가 줄면 목사님이 자신을 어떻게 보겠나 싶고, "○집사, 올해는 좀 쉬었나? 작년보다 못하네" 하실 것 같아서 그 말이 듣기 싫어 피한 것이다.

교회 국수와 김치가 정말 맛있는데, 하루는 그 맛있는 국수를 아무 말도 없이 먹고 있던 집사님 앞에 여집사님 여럿이 앉아 깔깔대며 웃고 즐거워하고 있었다. 집사님이 그 모습을 보다가 '저 사람들은 전도 한 명도 안 하는 사람들인데도 너무 즐거운데 나는 어쩌다가 전도에 말려(?) 들어가지고…'라는 생각이 들어 서글펐다고 한다. 나중에 그 집사님의 부인이 말하기를, 전도왕 상을 타고나서는 남편 얼굴에 웃음이 없어졌다고 했다.

집사님은 더는 실적으로 가면 안 되겠다는 생각이 들었고, 그러다가 어느 순간 다시 정말 영혼을 사랑하는 마음으로 전도하기 시작했다. 교회로 인도한 사람이 평년보다 훨씬 못한 숫자로 줄어들었을 때 너무 기뻤다. 실적 위주의 전도, 무조건 교회로 데리고 오는 전도가 너무나 잘못됐다는 것을 확실히 알았기 때문이다.

그때부터 정말 한 영혼 한 영혼 전도하면서 첫 마음으로 돌아가서 다시 시작했는데 그때 하나님께서 고구마전도를 접하게 해주셨고, 그 지혜로 거절의 두려움 없이 많은 영혼을 찔렀으며, 그중에 익은 고구마들을 많이 만나 기쁜 마음으로 교회로 인도하게 되었다.

전도는 내 힘으로 하는 것이 아니다

출애굽기 3-4장에서 하나님께서 모세에게 "내가 내 백성의 고통을 분명히 보고 부르짖음을 들었다. 이제 너를 바로에게 보내어 그들을 애굽에서 인도하여 내게 하리라"(출 3:7,10 참조) 말씀하신다. 못 한다고 하는 모세에게 하나님은 내가 너와 함께하겠다고 약속해주신다.

모세는 이것을 못 알아듣고 자기는 입이 뻣뻣하고 혀가 둔한 자라고 자기의 부족함을 계속 이야기하면서 못 하겠다고 한다. 하나님은 그런 모세에게 계속 내가 너와 함께하겠다고 말씀하신다. 그래도 이 말을 못 알아들으니 하나님께서 나중에는 화를 내신다(출 4:15).

이 것이 모세에게만 하시는 말씀일까? 모세에게 하셨지만, 역사적인 기록에 살아 계신 하나님의 말씀으로 남아서 오늘 우리에게 들려주시는 말씀이다. 내가 여건이나 환경이 이렇고 나는 나이가 많고 몸이 아프다고 해도 하나님은 "내가 너와 함께하겠다"라고 약속하신다.

오늘 우리의 연약함과 현실에 관한 핑계가 거짓말이겠는가? 여러분이 "저는 이래서 안 되고요, 저래서 안 돼요" 하는 것이 가짜이겠는가? 다 진짜이다. 그러나 무엇을 놓치고 있는가. "그런 형편과 어려움 가운데에서도 내가 너와 함께하겠다"라는 이 약속이다. 이것이 핵심이지만, 오늘 우리는 삶 속에서 놓치고 있다.

"내가 너와 함께하겠다"라는 말, 너무 많이 들었다. 이 약속을 모르는 사람이 없다. 그러나 그렇게 많이 들은 이 말이 삶에 적용이 안 되고 삶 속에서 작동하지 않고 있다. 하나님은 어떤 환경과 여건에서도 "내가 반드시 너와 함께 있으리라"(출 3:12) 약속해주셨다.

여호수아의 경우도 그렇다. 여호수아서 6장에서 이스라엘 백성이 여리고 성을 점령한다. 여리고는 성 위에 전차 두 대가 지나갈 정도의 길이 있는 견고한 성인데 이 성을 이스라엘 백성이 어떤 노력을 하고 뛰어난 전략과 전투력이 있어서 무너뜨린 것인가? 아니다. 그저 성 주위를 돌아서 무너졌다.

여리고 성 주위를 돌고 마지막에 나팔을 불었다. 나팔을 가리키는 히브리어 단어에는 '하쵸츠'와 '쇼파르'의 두 가지가 있다. 전쟁을 시작할 때 이를 알리는 나팔은 '하쵸츠'라고 하는데 여리고 성에서 분 나팔은 '쇼파르'라고 불리는 양각(羊角) 나팔이다.

똑같이 나팔이지만 '쇼파르'는 승리를 뜻하는 나팔이다. 이스라엘 민족은 아무 힘도 전략도 없었고 명령에 순종하여 돌았을 뿐인데 성이 안쪽에서부터 무너져내렸다. 그 승리는 이스라엘이 힘으로 이긴 것이 아니고 그 나팔소리로 이긴 것이다.

그 승리에는 무언가 하나님의 노력이 있었는데 바로 '하나님의 어린양'의 죽음이라는 피의 희생이었다(나중에는 그것이 예수 그리스도의 피로 귀결된다). 그러면 힘으로 이긴 것인가, 은혜로 이긴 것인가? 여리고 성의 승리에 분 나팔은 은혜의 나팔이다.

여리고에서 승리한 후 마주한 아이 성은 실제로는 여리고 성보다 면적이 3배 더 넓은 큰 성이었다. 그런데 여호수아는 여리고 성의 10분의 1 정도 되는 성으로 여겼다. 여리고 성을 이긴 여호수아의 눈에 아이 성은 너무 작아 보였다. 힘의 논리로 해석한 것이다. 그럼 내 힘으로 할 수 있다는 것이다.

우리도 은혜로 뭔가 해결되고 잘됐으면 뭔가 내가 한 것같이 느끼고 그다음 일은 자기가 어떻게 막 해보다가 판판이 실패하곤 한다. 아이 성의 패전 원인은 하나님의 은혜를 잊어버리고 힘의 논리로 해석하고 내가 하겠다고 한 데 있다.

전도의 주권 훈련이 삶의 주권 훈련

오늘 우리의 모든 상황은 사실 하나님께서 다 하시는 것이다. 신앙생활의 주권이 하나님께 있다는 것은 여러 방향으로 아주 많은데 그 많은 것을 다 적용할 수 없지만, 전도에 초점을 맞추면 이 전도가 하나님의 주권이며 내가 하는 것이 하나도 없다는 것이 확연하게 내 가슴에 와 닿게 되고, 그럴 때 내 신앙생활 전체가 하나님께 달렸다는 것으로 이어진다.

전도의 주권이 하나님께 있다는 것이 인정되면 삶의 모든 주권이 하나님께 있다는 것이 인정된다. 이 부분이 바로잡히면 그때부터 하나님 주권적인 신앙생활이 가능해지고, 하나님 주권적인 신앙이 되면 무섭고 두려울 것이 하나도 없다. 그것의 가장 큰 체험과 연습이 전도에서 온다. 전도의 주권이 하나님께 있다는 것이 제대로 훈련되기만 하면 신앙생활의 모든 주권이 하나님께 있다는 것으로 이어지기 때문에 이 훈련이 정말 중요하다.

그런데 대부분은 전도를 '한 사람 전도해야지', '한 사람 예수 믿게 해야지' 이런 개념으로만 접근한다. 그러면 내 발등의 불 끄기도 바쁜데 전도를 어떻게 하겠는가. "하나님께서 원하고 기뻐하시는 일이라는 것은 알겠는데 내 현실이 지금…" 하고 움츠러들게 된다.

전도는 전적으로 나를 위한 것이다. 내가 만난 그 영혼이 돌아오고 안 돌아오고에 관한 것은 내 비즈니스가 아니라 하나님의 주권이다. 이 개념을 잘 알게 되기를 바란다.

전도는 '아빠'와 함께하는 싸움이다

영적 싸움은 내가 사탄과 싸우는 게 아니라 나와 함께 계신 하나님께서 싸우시는 것이다. 그러니 내가 어떤 어려운 환경이나 상황 가운데 있거나, 내 앞에 엄청난 기도제목이나 나를 넘어뜨리려는 뭔가가 있어도 이것은 영적 싸움이라는 인식만 하기 시작하면 이미 반은 먹고 들어간다.

이것이 영적 싸움이라고 판단되면 나와 함께 계시는 하나님께서 싸우시는 것이고, 나는 하나님만 바라보면 되는 것이다. 하지만 "왜 이렇지? 왜 이렇게 내게 어려움이 오는 거야" 하면서 그저 자신이 싸우려고 들면 판판이 다 넘어가고 만다.

영적 싸움은 비유하자면, 저 사람이 너무 미워서 한 대 치고 싶은데 도저히 힘으로는 저 사람에게 안 되니까 대신 저 사람의 아들을 슬쩍 한 대 쥐어박고 레이저를 쏘며 괴롭히는 상황이다. 그러면 그 조그만 아이가 아저씨를 상대로 "아저씨, 지금 나 쳤어요? 나한테

레이저 쏘았어요? 어디 한번 해봅시다" 하고 싸워 이길 수 있겠는가? 그런데 아빠 손을 잡고 있는 아이는 "아빠?" 하며 아빠를 올려다보면 된다. 그러면 그때부터는 아빠가 싸우는 것이다.

내가 아니라 아빠와 함께

6살 된 아이에게 아빠가 웃으며 이야기를 한다.

"얘야, 이번 여름 방학 때 아빠, 엄마하고 비행기 타고 한국에 놀러 간다. 한국 가면 할아버지, 할머니도 계시고 사촌들도 있고 어디 어디도 놀러 가고…, 좋겠지?"

그러면 6살짜리가 가만히 듣고 있다가 "아빠 무서워."

"뭐가 무서워. 아빠하고 같이 가는데. 가서 뭐도 하고 뭐도 하고…. 아빠가 다 해줄게. 그리고 아빠하고 같이 다닐 거야. 재미있겠지?"

아무리 얘기해도 "아빠 무서워."

이렇게 말귀를 못 알아듣는 애는 꿀밤 한 대 맞아야 한다. 자기더러 비행기 표를 사달래, 여행안내를 하래. 엄마 아빠가 다 해주고 함께 있겠다는데 뭐가 무섭다는 것인가.

하나님은 "내가 너와 함께하겠다"라는 이 임마누엘의 약속을 오늘 우리에게 끊임없이 해주고 계시지만, 우리 생각에는 전능하신 하나님께서 함께하시는 것 따로, 내가 걱정하는 것 따로이다.

이것은 한 대 맞을 일이다. 오늘 우리 삶에서 하나님께서 다 해주겠다 하시는 약속을 못 믿으니까 자꾸 내가 앞서고 내가 하려고 하고, 이러다 보니 부담이 되어서 하기는 싫은데 그렇게 말할 수는 없으니 주위 환경과 여건을 탓하며 핑계 대는 것이다. 내가 하겠다고 들면 못 한다.

우리는 연약해서 "전도" 하면 항상 부담이 있다. 아무리 "아니요, 하나님이 함께하시죠" 해도 내가 하려고 하는 그게 꼭 남아 있어서 부담스러워한다. 내가 나가서 한번 이 사람을 어떻게 해보겠다는 마음도, 내가 이런데 전도가 되겠나 하는 마음도 다 '내가 하려는 마음'이다. 그 마음을 내려놓아야 한다.

나보다 잘난 사람들에게 주눅들지 말라

뭔가 해보려고 가나안(세상, 전도 대상인 불신자들)에 나아갔는데 그들이 돈도 많고 학벌도 좋고 나보다 훨씬 잘살면 주눅이 들어버린다. 그들 앞에서 자신이 메뚜기로 보이고 그들도 나를 그렇게 생각하겠지 싶어 위축된다. 어떻게 내 힘으로 다스리겠는가?

만약 나보다 훨씬 잘살고 제사를 몇 개를 지내고 예수쟁이라면 치를 떠는 내 형님에게 예수 믿으라고 했다가 "야, 너나 생활 잘하고 일어서라"라는 소리를 듣게 된다면 내가 무엇을 어떻게 하겠는가? 잘사는 시어머니에게 전도하려다가 "너희는 예수 믿는데 왜 그 모양이니. 하나님이 안 도와주나 보지?" 그러면 뒷목 잡고 싶지 않 겠는가?

그들의 말을 무심히 다 받아들이지 말라. 그것은 그들을 통해 악한 영이 하는 소리이다. 생각해보라. 아무리 가졌고 아무리 배웠대도 생명이 없지 않은가. 불쌍하지 않은가. "흥, 난 생명 있고 넌 생명 없어" 이런 의미가 아니고, 생명 없는 그 분이 내 형이고 어머니라면 얼마나 안타까운가. 내 힘과 내 능력으로는 그분들을 어떻게 할수가 없다. 그러나 우리는 복음을 가지고 있다. 그 복음이 형님을 변화시키고 시어머니를 변화시킨다.

아들이 있는 자에게는 생명이 있고 하나님의 아들이 없는 자에게는 생명이 없느니라 요일 5:12

그러므로 환경 때문에 좌우되고 열등감 가지지 말라. 하나님께서 이미 우리에게 하나님의 자녀로서 정복하고 다스릴 존재로 축복의 명령을 하셨고, 하나님의 자녀라면 다 그 명령대로 이루어지고 있는 것이다. 하나님께서 그렇게 하도록 만드셨기에 그렇게 하려고 순종하면 하나님께서 주시는 힘을 누릴 수 있다.

한의학을 존스 홉킨스에 연결시킨 박사님

메릴랜드주 볼티모어시에 그 유명한 존스 홉킨스 의대와 대학병원이 있다. 그 병원에 한국의 모 대학 한의학과를 존스 홉킨스 의대와 연결시킨 박사님이 계셨다. 이민 온 지 30년이 넘어 영어도 능통하고, 논어, 맹자 등 고전을 깊이 공부한 데다 도덕경을 강의하는 분이었는데 얼마나 잘 가르치는지 거기에 집사들도 배우러 갈 정도였다.

이분 주변에 장로인 친구들이 많았지만 아무리 전도하려고 애를 써봐도 지식으로는 상대가 안 되니까 판판이 깨져서 돌아서곤 했다. 그리고 교회에 새로운 사역자가 오면 친구 장로들이 그 박사님을 만나 전도하게 하는데 그 역시 만나면 KO패 돼서 오곤 했다.

이분은 안 만난다는 사람이 없었다. 목사고 뭐고 다 오라는 것이다. 만나서 몇 시간을 내리 자기 이야기만 하면서 아무 소리도 못하게 하고, 결국 '내가 너보다 많이 안다. 감히 전도하려고 하지 마'라는 뜻을 전하는 분이었다. 전도 간사로 볼티모어 벧엘교회에 간 나도 드디어 이분을 만나게 되었다.

이분이 "말씀 들었습니다. 새로 오셨다면서요" 하고 인사하자마자 "기독교가 말이에요" 하면서 말을 시작하는데 3시간을 멈추지 않았다. 조나단 에드워드며 미국의 대각성 전도 운동이며, 성경 구절을 인용하기도 하고 기독교에 대해 얼마나 많이 아는지, 기독교 역사를 전공한 교수 같았다.

다방면으로 훤하고 정보가 아주 많아서 나도 참 많은 것을 배웠다. 정말 믿지 않고 확신이 없으면 바로 무릎 꿇을 것도 같았다. 그러나 창세기부터 요한계시록까지 성경도 줄줄 이야기하는데 그 말 가운데 예수를 안 믿는다는 것이 훤하게 드러났다. 그 분의 말을 들으면서 내 마음에는 그 분이 너무 불쌍하게 여겨졌다.

나는 말 한마디도 못 했는데 한참 말을 하다가 시계를 보더니 회의가 있어서 일어나야겠다고 했다(항상 그 수법이다). 그래서 내가 악수를 하고 "박사님, 오늘 바쁜 시간 내주셔서 감사합니다. 오늘 너무 좋은 말씀 많이 들었고 제게는 개인적으로 아주 유익한 시간이었습니다" 하고는, 지금까지 성경을 다 이야기한 이분의 눈을 보며 힘있게 이야기했다.

"그런데 박사님, 제가 마지막으로 한 말씀 드리자면, 그래도 예수 꼭 믿어야 합니다. 그리고 박사님 위해서 제가 기도하겠습니다."

너무 감사하다고 인사하고는 내려왔다. 우리가 호텔 2층 커피숍에서 만났는데 1층으로 내려와 호텔 로비에서 커피숍 쪽을 올려다보니 그 바쁘다는 분이 안 가고 가만히 서서 나를 물끄러미 쳐다보고 있었다. 그래서 다시 한번 인사했는데 그때 하나님의 함께하심이 확 느껴졌다. 뭔가 내가 이겼다는 뿌듯함 같은 것이 아니라 하나님의 권능이 저 사람을 확 사로잡고 제압하고 있다는 그런 느낌이었다. 얼마나 감사한지.

그해 10월에 열린 사랑나눔축제에 드디어 박사님이 참석했다. 20년 동안 수많은 전도를 받고도 안 나오다가 하나님의 시간이 되었기에 비로소 교회에 처음 온 것이다. 이분이 나에게 다가와 인사하며 "내가 이때까지 사역자를 그렇게 많이 만나보았어도 바다와 같이 마음 넓은 사람은 당신밖에 없다"라고 하였다. 사실 그건 아니고 나는 속이 좁은데 그냥 반박이나 논쟁하지 않고 3시간 들어주었을 뿐이고 그때 성령께서 불쌍하게 보게 하셨을 뿐이다.

내 힘으로 하려 하면 두렵다

비교한다고 하면 내가 어떻게 감히 한마디라도 하겠는가. 원어민같이 유창하게 말하는 사람 앞에서 영어도 못 하는 내가 무슨 말을 하겠는가. 그러나 손 꼭 잡고 정말 마음을 다해서 "박사님, 너무 좋은 말씀 잘 들었고 제게 참 유익했습니다. 그래도 꼭 예수 믿으셔야 합니다. 기도하겠습니다" 할 때 그 분은 뒤통수를 망치로 땅 때리는 것 같았고 그래서 한번 만나보러 왔다는 것이다.

사랑나눔축제에서 결국 이분이 영접하겠다고 손을 들지는 않았지만, 그 사람이 돌아오고 돌아오지 않고는 하나님의 주권이다. 중요한 것은 내가 하는 것이 아니라는 점이다.

내가 하려고 하면 비교해서 미리 겁을 내고, "저 사람은 이슬람권이지", "저 사람은 유대인이지. 안 돼" 하며 전하지 못하고 가만히 있게 된다. 그런데 저 사람이 무슬림이고 유대인인 줄을 알고도 예수를 믿으라고 말할 때, 성령이 그를 하나님의 권능으로 사로잡는 것을 보게 된다.

이것을 경험한 사람은 내 회사, 내 삶의 현장으로 돌아왔을 때 어떤 문제가 와도 이 문제를 이겨버린다. 이것이 진짜 전도의 맛이다. 내가 하려고 하다가는 비교하고 스스로 주눅 들기 쉬우니 내 힘으로 하려는 이 오해를 꼭 벗어버리기 바란다.

사람을 고구마로 보라

내가 사업을 하며 전도를 하다 보니 나를 많이 도와주는 사람이 골수 불교인 경우가 많았다. 그런 분에게 예수를 믿으라고 했다가 그쪽에서 "나 당신하고 거래 안 하겠다" 하면 당장 회사 매출의 40%가 떨어지고, 그러면 직원 둘을 내보내야 한다.

돌아서서는 '지금 내가 뭐 하는 거지, 40퍼센트가 없으면 어때' 싶다가도, 직원이 딸려 있으니 매출이 떨어질 걱정에 '그냥 그 사람에게 예수 이야기 안 하고 잘해주면 되는 것 아닌가' 하고 갈등하곤 했다. 하나님과 대면하면 자신이 생기다가도 실제 삶에서는 목구멍이 포도청이어서 전도하지 못하는 경우가 많아서 너무 답답했다.

그러던 중 어느 금요기도회 때의 일이다. 앉아서 기도하다 졸았는데 깨보니 새벽 1시 반, 사람들은 다 가고 나 혼자 남아 있었다.

그런데 졸면서 꾸었던 꿈이 너무도 생생하게 생각나는 것이었다. 오른쪽 땅에는 감자를, 왼쪽에는 고구마를 수북이 캐냈는데 가운데에서는 어떤 여인이 가마솥을 열더니 김이 모락모락 나는 솥 안으로 손을 넣어 젓가락으로 쿡쿡 찔러봐서 익은 것을 꺼내 광주리에 담았다. 그러고 끝났다.

내가 감자나 고구마 서리도 안 했는데 왜 이런 꿈을 꾸었을까 했는데 며칠이 지나도록 그 꿈이 계속 생각나고, 어느 순간부터는 그 찌르는 것이 자꾸 생각났다. 그러다 수요일 저녁에 수요 예배를 드리는데 성령께서 뭔가를 탁 깨닫게 하셨다.

'어, 내가 지금까지 전도한 사람은 다 한 번씩 찔러본 거였구나'라는 생각이 들면서 '그렇지! 익게 하는 것은 하나님이시지. 사도행전 13장에 '영생을 주시기로 작정된 자'(48절), 그가 바로 익은 고구마구나. 그러면 내가 익은 고구마 골라내듯이 정말 예수 믿을 자를 젓가락으로 찔러 찾아내면 되겠구나'라는 깨달음이 온 것이다.

지금까지 내가 아무리 말을 잘해도 안 믿는 사람이 있었고 막 허우적대도 믿는 사람이 있었는데 그것이 다 하나님의 주권이라는 생각이 들었다.

그래서 처음에는 '감자고구마 전도'라고 했다. 그런데 감자는 네 번 찔러보니까 쪼개져서 나중에는 감자를 빼고 '고구마전도'로 했다. 전도는 '영생을 주시기로 작정된 자'인 익은 고구마를 찾아내는 것이다.

대기업 불자 회장님

내가 거래하는 대기업의 회장이 불교 신자였다. 그분에게는 우리 회사 매출이 떨어질까 봐 계속 말을 못 했다. 그런데 꿈을 통해 '고구마전도'라는 것이 와 닿자마자 그때부터 그 회장이 회장으로 안 보이고 고구마로 보이기 시작했다. 그도 고구마, 나도 고구마. 똑같은 고구마니까 찔러보자는 생각이 자꾸 들어서 어느 날 드디어 이야기를 꺼냈다.

"회장님, 사실은 제가 예수 믿습니다. 저는 교통사고로 예수 만났습니다. 지금까지 술자리 가도 한약 먹는다고 거짓말했는데 이제는 회장님께 얘기해야겠습니다. 회장님도 예수 한번 믿어보십시오."

그 분은 남의 말을 10분 이상 들어주는 분이 아니었다. 계열사 사장이 무슨 말을 해도 "그게 아니고", "아, 그거는 말이야" 하면서 말을 못 하게 하는 분이었는데 그날은 내 말을 막지 않고 10분 이상을 가만히 듣고 계셨다. 주위의 우려하는 눈초리가 나에게 쏠렸지만 그래도 꿋꿋하게 이야기했다.

다 듣고 나서 회장님이 "김 사장은 진짜 예수쟁이네. 믿으려면 저렇게 믿어야 돼. 그러나 나는 예수 믿을 사람이 아니야"라고 하셨다. 어머니가 돌아가실 때 절대로 절을 떠나서는 안 된다고 하셔서 어머니와의 약속을 지켜야 하기 때문이라는 것이다.

사실 그때는 이제 끝났다고 생각했다. "예수쟁이한테 주지 마라" 할 줄 알았다. 그런데 그러지 않았을 뿐 아니라, IMF가 오고 다른 업체들이 부도날 때 오히려 내게 오더를 더 주면서 "아무래도 예수 믿는 사람이 낫지 않아?"라고 하셨다. "우리 계열사 사장은 장로라고 하는데 올 때마다 술을 최고 많이 먹어. 가짜야" 하면서 나를 진짜라고 인정해주셨다. 그래서 나도 이 고구마전도를 더욱 담대히 하게 됐다.

여러분이 거래처 사장 등 나에게 손해나 이익을 끼칠 수 있는 사람, 나의 권위자 같은 사람들을 존경하고 존중하는 것은 좋은 일이다. 다만 그들을 영적으로는 고구마로 보라. 그러면 그들이 익었는지 안 익었는지 모르니까 한번 찔러봐야겠다는 생각이 들 것이다.

왜 전도를 꺼리는가. 저 사람은 나보다 훨씬 똑똑하고 잘살고 나는 저 사람보다 못하다 싶으니 내가 초라하게 느껴지고 내가 이야기하면 저 사람이 어떻게 나올까 해서 미리 겁먹기 때문이다. 거듭 말하지만, 그것은 하나님의 주권이고, 내가 가서 한번 찔러보는 것이 가장 중요하다.

사람을 사람으로 보면 지위 생각나고 학벌 비교되는데 사람을 고구마로 보니까 두렵지도 않고 누구든지 한번 찔러봐야겠다는 생각이 그때부터 들었다. 그 뒤로 내 전도 열매가 3배로 뛰었다. 많이 만나고 많이 말하니까 듣는 사람이 있고 믿는 사람이 많았다. 전하면 듣게 되어 있고 들은 사람은 믿게 되어 있으며 믿은 사람은 예수 이름 부르고 구원받게 되어 있다.

전하지 않으니까 모르는 것이다. 전하지 않으니 들을 자가 없고, 들지를 못하니 예수를 믿지 못하는 것이다. 그러니 듣든 안 듣든 일단은 이야기하라. 그러면 들을 자가 있고 예수 믿을 자가 있다.

전도의 주권은 오직 하나님께 있다

전도가 어려운 이유는 두려움 때문이다. 저 사람이 나보다 가진 게 많고 계급이 높으면 주눅 들고, 내가 보기에도 그렇고 그들이 나를 보기에도 메뚜기로 보인다고 생각하기 때문이다. 그 두려움의 근원에 내 힘으로 전도하려는 마음이 있을 때가 많다.

우리는 내 힘으로 하려고 해서 전도를 시도하지 못하거나 그르치는 경우가 많다. 내가 하려고 하면 내 힘으로 해야 하니까 저 사람이 나보다도 세면 못 한다. 저 사람이 내 거래처의 갑(甲) 업체면 나는 을(乙)이니 못 하는 것이다.

그런데 하나님을 그렇게도 못 믿는 것인가? 만일 당신도 그렇다면 나는 차라리 예수를 믿지 말라고 말하고 싶다. 예수를 믿는다면 하나님 아버지께서 내 사업을 주관하신다고 믿고, 예수를 믿는 자신의 정체성을 드러내기를 바란다. 아예 드러내면 하나님께서 역사하신다. 나 또한 사업을 하면서 그런 경험을 많이 했다.

반대로, 내가 갑이고 저 사람이 을이면 무시하고 자꾸 힘으로 뭔가를 하려고 한다. "김 과장, 우리 교회 나와" 이렇게 해서 잘 되는 경우도 있겠지만 강압적으로 그렇게 하면 직권남용이다. 그것 역시 내가 하려고 하는 것인데, 그 결과는 시험, 좌절, 포기, 절망이다.

전도를 내 힘으로 하려고 하는 것이 결국은 불신앙의 원인이 된다. 그러면 전도해야 하는 것은 알지만 계속 회피하고 구경꾼이 되어버린다. 여러분이 지금까지 전도를 회피하고 전도에 적극적으로 나아가지 못한 데에는 내가 하려고 한 전도의 오해가 있었기 때문일 가능성이 크다.

내가 하려고 하면 비교하고, 위축되고, 하나님을 의지하는 것이 아니라 내가 강압적으로 하게 되고, 전도를 어려워하게 된다. 잊지 말자. 하나님께서 하신다. 전도의 주권은 100퍼센트 하나님께 있다.

해보고 하는 말인가?

"전도가 어렵죠?" 하고 물으면 다들 어렵다고 대답한다. 그런데 그 대답이 직접 경험하고 하는 대답일까, 아니면 소문 듣고 어렵다고 하는 것일까. 우리는 해보지도 않고 남의 말만 듣고 판단하고 단정 지으려고 한다. 그것도 좋은 소문인지 나쁜 소문인지 분간도 못 하고 그럴 때도 많다.

어렵다 해도, 어렵다는 것을 실제로 한 번 해보고 느껴야 한다. 전도는 일단 경험을 해보는 것이 필요하다. 한번 찔러본다는 간단

한 생각이지만 전도의 경험을 해서, 막연히 어려울 것이라고 생각하는 것이 아니라 어렵다는 것을 체험적으로 인식해야 한다.

한번 전도를 나가보라. 평소에 자주 쇼핑하러 왔던 마켓인데도 이상하게 전도하러 나왔다 하면 가슴이 뛰고 긴장된다. 왜 그럴까? 영적 싸움이라서 그렇다. 그래서 어렵다는 것인데 그것을 느끼면 된다. 그 체험적 인식이 긍정적 인식으로 바뀌어야 한다. 어렵다고만 하고 있으면 부정적으로 인식하게 되고 쉽게 포기하기 때문이다.

평상시에는 아무 생각 없이 기분 좋게 가던 곳도 전도하려고 나가면 심장이 뛰고 입이 바짝 마르는 또 한 가지 이유는 내가 하려고 해서 그렇다. '가서 하나님께서 함께해주시는 것을 확인해보겠다, 하나님께서 어떻게 역사하시는지 한번 보겠다' 하고 그냥 나가보면 될 텐데 뭔가 내가 하려고 하니까 뭔가 불안하고 어색하고 또 말을 어떻게 건네야 하는지 몰라서 미리 걱정하고 긴장하는 것이다.

말을 못 하면 기도하면 된다. 전에 미국 쇼핑몰로 전도 실습을 나갈 때, 한 성도님이 영어를 못 한다며 나가도 전도할 수 없을 것 같다고 해서 "영어를 못 해도 괜찮습니다. 쇼핑몰에 가서 그냥 여리고 성 돌듯이 쭉 한 바퀴 돌면서 '주여, 이곳을 주님의 나라로 만들어주소서. 이곳에 역사하는 악한 영은 예수 이름으로 물러갈지어다. 주여, 이 전도의 발걸음이 헛되지 않게 하소서' 기도하고 오시면 됩니다"라고 말해드렸다.

그 분이 1시간을 그러고 다닌 후에 돌아와 전도보고를 했다.

"나는 영어를 잘 못 하니까 두렵고 할 수 없다고 생각해서 목사님이 시키는 대로 쇼핑몰을 한 바퀴 돌면서 기도만 했습니다. 그런데 놀랍게도 가슴이 뜨거워짐을 느끼며 뭔가 나도 전도했다는 뿌듯함이 있었습니다."

"돌아오려고 쇼핑몰 나오는데 쇼핑몰 입구에 한국 사람 같은 분이 보여 다가가서 '안녕하세요? 저는 교회에서 전도훈련을 나왔는데 한국분이시죠? 혹시 예수님 믿으세요?' 나 자신도 신기하게 느껴질 만큼 생전 처음 입이 열렸어요. 그 분은 예수 믿는 사람인데 자기가 할 수 없는 것을 대신하고 있는 나에게 너무 감사하다고 손을 꼭 잡아주셨어요. 어제의 제 모습을 볼 수 있었습니다. 난생 처음 해본 전도 현장에서 담대함으로, 그것도 처음으로 입을 열게 해주신 하나님께 감사드려요. 앞으로 생활 속에서도 예수님을 전해보겠습니다."

눈물을 글썽이면서도 기뻐하며 간증하셨다. 바로 이것이다. 전도의 현장에서 예수님을 전할 마음만 먹어도 금방 하나님께서 함께 하시는 것을 느낄 수 있다.

… 어떻게 무엇으로 대답하여 무엇으로 말할까 염려하지 말라 마땅히 할 말을 성령이 곧 그때에 너희에게 가르치시리라 하시니라

눅 12:11,12

입을 못 열어도 좋으니, 어떤 장소에 가든지 어떤 상황에 가든지 '내가 가서 여리고 성을 돈다, 전도한다'라는 마음으로 한 바퀴 돌면서 중보하라. 특히 현장으로 전도실습이나 전도훈련을 나갈 때는 먼저 그 장소를 한 바퀴 돌면서 그곳을 위해 기도하라. 이러한 기도 후에는 돌아와서 그때 느낀 점을 나누는 것이 핵심이다.

선교 갔다 온 사람과 가본 적 없는 사람이 다르고 스포츠 경기를 실제로 경기장에 가서 본 사람과 TV로 본 사람이 다르듯 현장에 직접 가보는 것은 생각만 하는 것과 천지 차이이다.

전도훈련의 목적은 '오늘 몇 명 찔러 어떤 결과가 있었다' 이런 것에 있지 않다. 입으로 예수 믿으라고 전하든지 전도의 현장에서 기도를 하든지 하면 성령께서 나에게 주시는 느낌이 있는데 그것은 내가 직접 해봐야만 안다.

하나님께서 우리와 늘 함께하시지만 전도의 현장에서는 특히 성령의 권능을 체험하며 더 깨달을 수 있다. 그래서 전도 현장에서 하나님의 권세를 체험하면 담대함이 생기고, 그 전도의 담대함이 생활의 담대함으로 이어져 내 삶의 어려움도 능히 이기게 된다.

받는 돈과 버는 돈

전도가 쉽지는 않다. 전도가 쉽다면 세미나를 하고 전도 부흥집회를 할 필요도 없을 것이다. 전도가 쉽지 않으니 어렵다고 생각하고 주저하게 되고 두려워서 안 하게 된다. 그런데 그 생각을 전환해 보았으면 한다.

돈 벌기가 쉬운가? 어렵다. 아이들이 부모에게 용돈을 받을 때는 아까운 줄 모르고 금방 써버리다가 아르바이트를 해서 돈을 벌어 보면 함부로 못 쓴다. 돈 벌기 어렵다는 것을 직접 체험했기 때문에 그 돈이 귀한 줄 알게 되고, 그 어렵게 번 돈이 나에게 들어왔을 때 그 돈을 귀하게 생각하여 함부로 쓰지 않는다.

전도도 그런 시각에서 보면, 전도가 어렵다고 소문으로만 듣는 것이 아니라 내가 직접 전도해봄으로써 한 사람이 하나님 앞으로 돌아오기가 어렵다는 것을 알면 그 한 사람이 귀하게 생각되고, 그 귀한 한 사람이 교회로 인도되었을 때 그를 귀하고 소중하게 여길 것이다. 그래서 전도가 '어렵다'는 것은 영혼이 '귀하다'로 귀결된다.

용돈은 다음에 또 받을 수 있으니까 금방 써버리고 소중한 줄 모르듯이, 우리는 전도를 안 해도 매주 교회에 새 신자가 찾아오니 '또 새 신자가 등록했구나' 하고는 아무 감흥이 없다. 마치 부모에게 용돈 받는 것처럼 말이다. 그저 숫자가 늘어나는 것에 만족하고 말거나, 심지어는 '아유, 너무 오는구나' 하기도 한다.

성도가 많으면 그 한 영혼 한 영혼의 소중함을 알지 못하게 되고, 성도 간에 서로 격려하고 칭찬하고 사랑하는 실천도 불가능하다. 한 영혼을 귀하게 여기는 하나님의 마음이 없어 메마르게 된다.

'새 가족' 부서를 담당하는 목사님 중에는 매주 새 가족이 너무 와서 사역이 너무 힘드니까 '그만 왔으면 좋겠다' 하는 분도 있다고 한다. 그분들이 나중에 개척했을 때 한 사람의 소중함을 깨닫고는 엄청나게 후회하고 '하나님, 그때 제가 잘못했습니다' 하고 회개하는 일도 있다.

돈 벌기가 어려우면 돈 귀한 줄을 알게 되고, 그 귀한 돈이 내 수중에 들어왔다면 더 귀하게 여기듯이, 실제 전도 현장에서 전도를 해보면 한 영혼이 오는 게 얼마나 어렵고 힘든지, 그래서 그 영혼이 얼마나 귀한지를 비로소 깨닫게 된다. 그러면 이미 와 있는 '형제 고구마' 성도의 귀함에 눈을 뜨게 된다. 그럴 때 교회는 따뜻하고 포근한 영적 분위기가 만들어진다. 새 가족은 이 분위기를 느끼고 초기에 정착하는 것임을 잊지 말자.

"어려워요"가 아니라 "귀해요"

이민교회에서는 특히 전도 대상이 한국인뿐 아니라 한국인을 포함한 다민족이다. 우리 교회에서 에콰도르에 단기선교를 갔다 왔는데 가서도 전도의 열매가 있었지만 다녀온 후에 성도들이 '여기도 에콰도르 사람이 있구나', '같은 스페인어를 사용하는 히스패닉이 여기에도 많구나'라는 생각을 하게 되었다. 그러면서 앞서 단기선교 갔을 때 돈 들이고 시간 들이고 간 그것의 귀함이, 그 단기선교의 뜨거움이 여기서 전도로 계속 이어질 수 있다는 것을 깨닫게 되었다.

다민족 전도를 통하여 한 영혼이 소중하다고 생각하니까 이미 옆에 있는 한국 사람을 마음껏 전도했고, 한 영혼이 예수 믿기가 이렇게 어렵다는 것을 뼈저리게 느끼니까 이미 믿은 영혼들도 귀하다는 사실을 새삼 깨닫게 되어 이미 와 있는 우리 성도들 간에서도 이 끈끈한 영적 사랑이 상승곡선을 타기 시작했다.

사실 예수 믿는 것이 얼마나 귀한가. 예수 믿는 사람들의 인생은 예수 생명과 바꾼 예수짜리 인생이기에, 예수 생명이 드려지고 다시 찾은 영원한 생명이 있기 때문에 너무 귀하다. 인생이 좀 구겨졌다고 예수 생명이 없어지지 않는다. 만 원짜리 지폐가 구겨졌다고 천 원짜리가 되는 것은 아니지 않은가! 그러니 내가 어떠한 상황에서도 귀하고 소중한 존재라는 것을 안다면, 구원받은 옆 사람도 똑같이 소중함을 알라.

이렇게 형제의 모습 속에서 하나님의 형상을 발견하며 한 영혼이 귀하고 소중하다는 것을 깨달으면 예배 시간에 내 옆에 앉은 사람이 얼마나 귀하게 느껴지는지 모른다. 어떤 방법으로 예수를 믿었든 하나님의 자녀로 지금 옆에 앉아 있는 그 사람이 너무 귀한 것이다.

그러면 새 신자가 등록했거나 방문해서 소개할 때 전도의 현장에서 귀함을 느낀 사람과 그것을 모르는 사람의 반응이 다르다. 한 영혼의 소중함을 모르는 사람은 그저 '오늘도 또 몇 명 왔구나', '오면 또 조금 있다가 가겠지, 뭐. 나하고 관계있나' 할 뿐이지만, 한 영혼의 소중함을 느낀 사람은 '와, 저 어떻게 왔냐' 그런 마음으로 그들의 얼굴을 유심히 보아두었다가 예배 끝난 후에 다가가서 잘 오셨다고 인사한다.

어느 교회든 그런 기존 성도 몇 분만이라도 새 신자에게 가서 "정말 잘 오셨어요", "어떻게 오셨어요. 예배 잘 드리셨지요?", "너무 반가워요" 이렇게 진심으로 환영하면 그 분은 그날로 그 교회에 정착한다.

우리 교회는 새 가족이 와서 예배 시간에 소개하면 박수와 함께 환호를 한다. 그리고 예배를 마치면 새 가족팀이 아니더라도 성도들이 새 가족에게 먼저 다가가서 손을 잡는다. 그리고 새 가족반에서 새 가족실로 인도해 차도 대접하고 이야기도 나누는데, 그 분이 처음에는 "아이, 난 됐습니다. 예배만 드리고 바로 가겠습니다" 하다가도 한 서너 사람이 이렇게 하면 마음 문이 확 열린다. 부담스럽게 들이대는 것이 아니라 귀함을 알고 다가가니 진심이 느껴지는 것이다. 그래서 "이 교회는 참 따뜻하고 너무 가족 같네요. 너무 마음이 편해요"라는 분들이 많다. 이것이 참 중요하다.

성도들이 한 영혼을 귀하고 소중하게 여기는 마음을 품어 하나님 아버지의 마음과 같아지고 그 마음이 성도들 간에 서로 교류되면 이것은 엄청난 파워가 된다. 전 교인이 다 이렇게 됐다면 어마어마한 파워가 되어 그 교회뿐 아니라 한국 교회를 살리고도 남을 것이다.

한 몸 이룬 내 옆 사람이 귀하다

지체들을 대할 때 내 눈에 좋고 나한테 잘해주면 좋아하고 약간 내 눈에 벗어나면 싫어하는 것이 우리의 수준이지만, 그 귀한 영혼이 이미 우리 교회로 와 있다면 그 성도는 정말 귀한 것이다. 그러니 교회 안에 조금 서로 안 맞는 사람이 있더라도 '저 인간이 내 옆에 앉았네' 할 것이 아니고 '아이고, 참 귀하네' 하는 마음을 가져야 한다. 그리스도의 몸을 이룬 지체가 가지는 마음이다. 그것이 진정한 교회관이기도 하다.

하나님께서 누구라도 알 수 있도록 아주 쉽게 교회를 실명해주셨다. 교회의 머리는 예수 그리스도이시고 교회는 예수님의 몸이며 각각이 우리 지체들이다. 새끼발톱이 아무것도 아닌 것 같지만 그 발톱 하나 빠지면 아무것도 못 한다. 손가락 하나만 아파도 단추를 채우기 어렵다. 모든 지체가 각기 하는 일이 다 있고 소중하다.

무엇보다도 머리 되신 예수 그리스도를 생각해보자. 머리(뇌)에서 신경 하나하나가 몸과 연결되어 몸이 움직이게 된다. 내가 물건을 하나 들어도 머리에서 명령을 내리고 양손이 가서 그 물건을 붙잡고 힘을 줘서 드는 것이다. 그런데 내가 그 말을 안 듣고 다른 쪽으로 간다면? 머리는 이쪽으로 가라고 하는데 나는 그러고 싶지 않아서 저쪽으로 간다면? 그러면 내게 장애가 오고 몸이 이상해진다.

머리 되신 예수 그리스도로 인해 움직이지 않는다면 아무리 크고 아무리 숫자가 많아도 작은 일도 할 수 없다. 각자 자기 마음대로 하면 하나님께서 원하시고 머리 되신 예수 그리스도가 원하시는 일을 할 수가 없다. 그것은 내가 내 몸을 자해(自害)하는 것이다.

교회는 내 생각대로 하는 곳이 아니다. 자기 생각과 의견을 주장하고 자기 뜻대로 안 되면 토라지는 일, 뒤에서 어느 성도 뒷말하는 일 등은 교회에 분란을 일으킬 수도 있기에 주님의 몸을 해치고 그 지체로서 주님의 몸을 자해하는 큰 죄이다. 그런 사람은 교회관이 없는 사람이다. 교회가 얼마나 중요한지를 모르기 때문이다.

교회가 왜 중요한가. 예수를 그리스도와 살아계신 하나님의 아들임을 고백하는 사람들이 모인 공동체이기 때문이다. 교회가 중요하기에 전도 또한 중요하다. 전도를 통해서 각 사람이 다 연결되고, 구원받고 교회에 와서 그 지체가 되고, 그 지체가 그리스도의 몸을 이루어 그 몸이 머리 되신 예수 그리스도를 따라가기 때문이다.

또 하나의 열매를 바라시며

믿지 않는 영혼이 지금은 받아들이지 않고 오히려 핍박하고 있지만, 예수가 들어가면 저들은 금덩이다. 금을 캐러 가는 광부가 금이 보여서 가는가? 아니다. 땅속에 금이 있다고 믿으니까 파는 것이다.

저 영혼이 오늘도 안 돌아오고 우리를 핍박해도 '언젠가는 하나님이 저 영혼 구원해주실 거야. 우리 남편 언젠가는 구원해주실 거야. 우리 부모님 언젠가는 구원해주실 거야' 그런 기대 속에 그들이 돌아왔을 때 금덩이와 같을 것을 기대하며 이웃의 소중함을 연결시키는 것이다.

전도는 한 영혼의 소중함에 눈뜨게 하는 일이다. 나의 소중함을 깨닫고, 그것을 깨달았으면 옆 사람의 소중함에도 눈이 뜨여서 결국 새로운 열매를 맺게 하시려는 것이 하나님의 뜻이다.

그러니 이제는 단순히 전도가 어렵다고 생각해서 주저하고 회피할 것이 아니라 이 귀하고 소중한 영혼을 찾는 일이라는 것을 알고, 그만큼 전도도 귀하고 소중한 일이라는 마음을 가졌으면 좋겠다.

감사해요 깨닫지 못했었는데 내가 얼마나 소중한 존재라는 걸
태초부터 지금까지 하나님의 사랑은 항상 날 향하고 있었다는 걸
고마워요 그 사랑을 가르쳐 준 당신께, 주께서 허락하신 당신께
그리스도의 사랑으로 더욱 섬기며 이제 나도 세상에 전하리라
당신은 사랑받기 위해 그리고 그 사랑 전하기 위해
주께서 택하시고 이 땅에 심으셨네 또 하나의 열매를 바라시며
- '또 하나의 열매를 바라시며' 중에서

전도부는 전도하는 부서?

그러나 너는 … 전도자의 일을 하며 네 직무를 다하라 딤후 4:5

성경은 우리에게 먼저 무엇을 하라고 하는가? 찬양대 이전에 먼저 무엇을 해야 하는가? 교사 이전에 무엇을 먼저 하고, 식당 봉사 전에 무엇을 먼저 하며, 당회 하기 전에 무엇을 먼저 해야 하는가? 이것을 아는 것이 오늘 예수 믿는 우리의 기본적인 공통분모, 본분이다.

찬송가 595장에 보면 "나 맡은 본분은 구주를 높이고 뭇 영혼 구원 얻도록 잘 인도함이라"라고 하였다. 신앙의 연륜, 본질, 직분, 어떤 단어를 쓰든 상관없다. 나 맡은 본분, 하나님의 자녀로서의 본분, 기본적인 도리는 먼저 전도자의 일을 하며 내 직무를 다하는 것이다. 전도자의 일을 하면서 직무를 다하는 것이지, 전도자의 일을 하지 않으면서 직무만 하는 것이 아니다.

사도행전 2장에서 베드로 사도는 십자가의 죽음과 부활을 이야기하면서 "우리가 다 이 일에 모두 증인"(행 2:32)이라고 말했다. 예수 믿는 자는 다 증인이다. 열심이 있는 사람만 증인이 아니라 구원받았다고 확신하는 사람은 모두 다 증인이다. 이 증인 되는 일이 전도이다. 그런데 전도를 특정한 소수가 하는 것이라고 잘못 생각하는 사람들이 많다.

교회에서 만들어놓은 전도부가 잘못하면 전도를 못 하게 하는 부서가 될 수 있다. 성도들은 전도부에서 전도하는 줄 알기 때문이다. 전도부는 전도하라고 만들고 교육부는 가르치라고 만들고 봉사부는 봉사하라고 만들었다고 생각할 수 있다. 여러분도 '너는 전도부니까 전도하고 나는 교육부니까 데려온 사람을 가르치는 것 아니냐'라고 생각하는 것은 아닌가?

그러나 이런 생각은 성경도 모르고, 하나님 아버지의 마음도 모르는 것이다. 우리 모두 전도자의 일을 하며 직무를 해야 한다. 전도자의 일을 하며 교사를 하고, 전도자의 일을 하며 성가대를 하는 것이다. 예수 믿는 사람은 다 예수를 전해야 한다. 전도가 삶 자체이기 때문에 모든 성도가 이 전도에 초점을 맞추어야 한다.

교사가 전도를 경험하면 아이를 대하는 게 다르다. 교사가 전도를 해보아야 아이가 소중한 금덩어리로 보이고 그 영혼이 귀한 줄 안다. 교사는 지식을 전달하는 사람이 아니고 하나님의 마음을 전하는 사람, "너는 예수 생명으로 바꾼 소중한 존재란다" 하며, 한 영혼을 소중히 여기시는 하나님의 마음을 아이들에게 전달하는 사람이다. 앞으로 하나님나라를 짊어질 다음세대에게 좋은 시설 해주고 놀이터 지어주는 것보다 중요한 것은 복음을 정확하게 들려주는 것이다.

신약성경에서 찬양에 관한 단어 가운데 대표적인 것이 '율로기아'(εὐλογία)와 '흄노스'(ὕμνος)이다. '흄노스'가 훈련으로 얻어지는 기술적인 연주라면 이보다 더 깊은 영성을 요구하는 '율로기아'는 하나님을 향한 감사, 구원의 감격 등으로 나타나는 기쁨을 표현한다.

성가대와 찬양팀이 전도를 경험하면 찬양이 달라진다. '이 교회에 이렇게 귀한 한 영혼 한 영혼이 와서 예배를 드리는데 내가 그 예배의 한 도구로 사용되는구나' 하고 깨닫는다면 벌써 마음의 준비가 다르고, 한 소절 한 소절의 찬양에 '율로기아'의 영성이 실리게 된다.

그래서 전도부는 전도를 전담하는 부서가 아니라 영적 전쟁의 상황실이다. 선교부가 선교하러 나가는 것이 아니라 전 성도가 선교할 수 있도록 선교 훈련이나 단기선교 등을 주관하고, 교회가 후원하는 선교단체에 창구 역할을 하듯이 전도부는 전 성도가 전도할 수 있도록 행정과 훈련을 뒷받침해주는 부서이다.

전도 또한 특정 부서의 사역이 아니라 교회 내 모든 사역의 밑거름이고 근본적인 사역이다. 전도가 그리스도인의 삶 자체이고 기초이기에 전도하는 성가대, 전도하는 당회, 전도하는 교회학교 교사, 전도하는 선교부, 전도하는 권사회 이렇게 항상 전도를 기본으로하는 사역 팀들이 되어야 그 사역이 힘이 있다.

특정한 사람만이 전도하는 것일까?

전도는 목사, 전도사 등의 사역자, 전도에 열심히 있는 사람이나 특별히 전도훈련을 받은 사람들만 하는 것이 아니다.

여러분이 선원이 되어서 배를 타고 항해하고 있다고 생각해보라. 선장(목사)이 키를 잡고 배를 운항하고 있는데 선원들이 올라와 "선장님, 저기 배 앞에 사람이 빠졌습니다. 구해야 합니다" 한다. 그러면 선장은 사람을 구해야 하니까 키를 놓고 내려가서 한 사람을 구조해온다. 그를 건지는 사이에 키를 놓았기 때문에 배가 약간 다른 데로 갔다. 선장이 올라와 키를 다시 잡았다.

잠시 후 또 선원들이 와서 "선장님, 여기 세 명 빠졌습니다" 한다. 선장이 "그럼 구하십시오" 하면 "선장님이 해주십시오" 하고 청한다. 사람이 빠졌으면 빨리 들어가 구하면 되는데 자기는 안 들어가고 선장님만 찾는 것이다. 그러면 선장은 또 키를 놓고 사람을 구조하러 가야 한다. 자꾸 그러다 보면 선장은 녹초가 되고 배는 항로를 자꾸 이탈하게 된다.

오늘날 교회가 이렇게 하고 있다. 걸핏하면 "목사님, 여기 좀 와주세요", "목사님, 빨리 와서 복음 좀 제시해주세요" 하는데 하인예음의 복음 제시를 왜 자신이 못 하는 것인가.

목사가 일을 안 하겠다는 것이 아니다. 복음을 제시해달라는 요청을 받으면 한 사람 살리는 일이니 당연히 가고 기꺼이 간다. 그런데 배를 한 번 생각해보라. 구조를 선장만이 하는 것인가?

사마리아 수가성 우물가에서 예수님을 만난 여인은 깜짝 놀라서 마을에 들어가 내가 주님을 만났다고 이야기했다. 어떤 훈련을 받고 그렇게 말한 것이 아니고, 주님을 만나서 내가 그분을 만났다고 이야기한 것이다. 주님을 만났다고 이야기하는 것이 전도이기에 예수님을 만난 모든 성도는 다 전도자가 되어야 한다.

복음을 전하는 일은 목사를 포함하여 예수 믿는 자는 다 해야 하는 일이고 다 할 수 있는 일이다. 이 개념을 가져야 한다. 교회사

역 중에 전도만 강조하는 것이 아니다. 전도하는 가운데 다른 사역
들이 성장하고 힘을 받아야 함을 이야기하는 것이다.

14장
전도가 주는 유익

　이스라엘에는 요단강을 사이에 두고 유명한 두 개의 바다가 있다. 갈릴리 호수라고도 불리는 갈릴리 바다와 사해(死海)인데 이 둘에는 아주 분명한 차이점이 있다.

　갈릴리 호수는 계곡에서 유입되는 지류가 있어서 물이 계속 들어오는데 그 물이 요단강으로 빠져나간다. 들어오는 게 있고 나가는 게 있으면 물이 맑다. 그래서 이곳에는 어종도 풍부하고 생명이 아주 많이 산다.

　갈릴리 호수 아래로는 요단강이 흐르고 요단강 물은 사해로 유입되는데 이곳은 물이 나갈 곳이 없고 들어와 고이기만 한다. 그런 사해에는 생명이 하나도 없어서 '죽은 바다'가 되었다. 원리는 이것이다. 들어오는 것이 있고 나가는 것이 있으면 그 안은 깨끗해지고 생명이 살아 움직인다.

우리는 은혜를 많이 받았고 은혜받았다 은혜받았다 하는데 그 은혜를 밖으로 흘려보내지 않으면 고여서 쓸모없게 된다. 우리 생애에 받은, 변하지 않는 최고의 은혜는 무엇인가? 예수 그리스도이다! 이 예수 그리스도를 이웃에 증거하면 내가 먼저 살아난다. 예수 그리스도에 대해서 마음으로 확신하고, 입으로 자꾸 이야기하고, 행동으로 나타내면 그것이 바로 삶으로 예수 그리스도를 '직카론' 하는 것이므로 그 삶에 예수 그리스도의 죽음과 부활이 선명하게 증거되어 하나님의 능력인 복음을 증거하는 것이다.

그럴 때 삶의 현장은 곧은 '길갈'이 되어 가정과 자녀에게서 악한 영의 수치가 떠나게 된다. 내가 저 사람한테 예수 믿으라고 했는데 그가 예수 믿고 안 믿고는 하나님의 주권에 속한 것이지만, 그 사람과 별개로 예수 믿으라고 전도한 나는 내 삶에서 악한 영이 떠나고 수치가 떠나는 것이다.

여호와께서 여호수아에게 이르시되 내가 오늘 애굽의 수치를 너희에게서 떠나게 하였다 하셨으므로 그곳 이름을 오늘까지 길갈이라 하느니라 수 5:9

뒤에서 다시 설명하겠지만 전도할 때 찌를 첫 번째 영적 젓가락은 "예수 믿으십니까?"이다. "교회 다니십니까?", "혹시 신앙생활 하세요?"로 묻지 말라. 둘 다 아무 능력이 없다. "혹시 신앙생활 하세요?"라는 질문은 하기 쉽지만 "예수 믿으십니까?"라는 말은 하기 힘들다. 그러나 예수의 이름에 능력이 있기에, 그 힘든 만큼 '예수' 이름이 선포될 때 내가 살아난다.

내가 전도한다는 것은 내 삶을 being, doing, telling으로 자꾸 주님을 드러내는 것인데 그때 나 자신이 계속 살아나고 담대함이 생기고 그 담대한 믿음이 나의 어려움을 이기게 한다. 내 입에서 예수 자랑이 끊임없이 나와야 산다. 이것이 받은 은혜를 이웃으로 흘려보내는 것이다. 오늘 복음을 선포하면 듣는 그 사람이 살기 전에 내가 먼저 살아난다.

전하는 자의 인격이 변화한다

예수를 믿어도 고치기 어려운 오랜 습관들이 있다. 예를 들면 담배를 끊지 못하는 경우 같은 것인데, 담배를 계속 피우면 담배 때문에 훈련도 안 받게 되고 구역장 등 리더도 못 하게 되어 신앙의 성장과 성숙이 잘 이루어지지 않는다.

이 사실을 본인도 잘 알고 있고 신앙의 양심도 있어서 끊어보려고 하는데 잘 안 된다. 그것을 옆에서 정죄하고 지적할 수 없다. "예수 믿는데 어떻게 담배를 피우냐" 이런 말은 절대 하면 안 된다. 담배를 끊든지 줄이게 하는 것은 하나님께서 하시는 것이다.

'담배를 피우고 있지만 그래도 내가 예수 믿으니까 전도 한번 해보자' 마음을 먹고, 특히 고구마전도이면 쉽게 할 수 있겠다 싶어서 영적 젓가락으로 쿡쿡 찔러보기 시작한다. 그러다가 담배를 피우면서 찌른다는 것이 조금 어색해서 '이건 아니지'라고 생각하는 때가 오는데 이때가 바로 변화되려고 하는 시점이다.

담배를 피우면서 "후~ 혹시 예수 믿으십니까" 이럴 수는 없으니까 전도하려는데 담배가 생각난다면 그 순간에는 절제하게 되고, 내가 전도한 사람 앞에서 담배를 피울 수는 없으니 또 절제하게 되고, 그런 상황들이 우리를 조금씩 변화시키고 바꾸어간다.

전도를 해본 사람은 그것이 고쳐진다고 이야기한다. 성령께서 하신 일이라 믿는다. 마찬가지로 예수 믿으면서 여전히 가지고 있는 다른 나쁜 습관들도 동일하게 고쳐지고 변화된다.

전하는 자가 기적을 체험한다

오병이어의 역사를 생각해보자. 어린아이의 도시락이었던 보리떡 다섯 개와 물고기 두 마리로 수많은 사람이 배불리 먹은 사건이다. 이 사건에는 예수님과 열두 제자만 알고 있는 비밀이 있었다.

제자들은 예수님이 축사하신 보리떡 다섯 개와 물고기 두 마리를 나누어 받아 무리에게 가서 나눠주었다. 무리는 자기 먹을 것을 받아서 먹으며 원래 떡과 물고기가 많은 줄 알았지만, 나눠주는 제자들은 떼어주고 또 떼어주어도 자꾸 생긴다는 것을 알게 되었다. 주님의 기적이 일어나고 있음을 알고 얼마나 가슴이 뛰었겠는가! 적은 떡과 물고기가 이렇게 자꾸만 나온다는 그 기적은 가서 나눠주는 제자들이 체험하는 것이다.

이같이 오늘 우리는 하나님으로부터 먼저 영원한 생명의 떡을 받았다. 받은 생명의 떡을 이웃에게 나누어 줄 때 우리는 이 떡이 구원을 주신 예수님인 줄 알지만 저들은 잘 모른다. 그저 뭔가 불안함이 없어지고, 자녀가 조금 괜찮아지는 것 같고, 아니면 마음이 평안해지는 정도의 그런 것을 느끼면서 먹는 정도이다. 그러나 이 떡이 무슨 떡인지 알고 전하는 우리는 먼저 기적을 체험할 수 있다.

전할 때 그 사람이 변화되는 기적도 있는데 그것은 하나님의 주권에 달린 것이고, 무엇보다도 내 삶 속 일상적 변화가 기적이라는 것으로 연결된다. 내가 일단 예수님을 전하고 돌아왔는데 내 가정이나 회사에 있었던 문제들이 연관되면서 그것이 하나님의 은혜로 뭔가 변화되었다는 것이 보이기 시작하는 것이다.

내가 전도하고 돌아와 문을 열었는데 "아빠, 다녀오셨어요?" 하는 아이들이 기적덩어리로 보이기 시작하고 갑자기 눈물이 나서 "너희들 보면서 왜 이리 내가 눈물이 나냐" 한 적이 있다. 우리는 오늘도 하나님께서 우리를 지키셨다는 것을 못 보고 지나는 경우가 대부분이다.

운전할 때 부지불식간에 하나님께서 지키신 것을 알고 있는가? 아마 거의 잘 모를 것이다. 나는 정면충돌 사고 후에 이것을 많이 느꼈다. 순간순간 느낄 때마다 주님의 인도에 감사하곤 한다. 반대편 차선에서 차가 한 대 지나갈 때마다 "할렐루야!" 하니 한 번은 옆에 탔던 친구가 뭐라고 자꾸 중얼거리냐고 물어 "지나가는 저 차가 내 차를 받지 않고 그냥 지나가는 것이 감사해서 그런다"라고 대답한 적도 있다.

우리는 운전할 때 반대편 차들이 당연히 지나가는 것으로 생각한다. 자녀가 아침에 학교 갔다가 오후에 무사히 집에 돌아오는 것을 당연하게 생각한다. 남편이 출근했다가 무사히 퇴근해 돌아오는 것을 당연한 것으로 생각한다. 밥 먹는 것, 움직이는 것, 자고 일어나는 것이 당연하다고 생각한다. 어제도 그랬고 오늘도 그러한 것이 당연하다고 생각하는데 당연한 것은 하나도 없다.

하나님이 내 일을 해주신다

내가 전도를 하면서 깨달은 것 중 하나가 '내가 하나님의 일을 할 때 하나님은 내 일을 하신다'라는 것이다. 사업을 두 개 하고 있었는데 내 능력 이상으로 잘되었다. 이 말은 사업을 벌여놓고 아무것도 안 하고 전도만 하러 다녔다는 것이 아니고, 최선을 다해서 하되 결과를 하나님께 맡겼다는 의미이다. 최선을 다하는 그 사업에서 만나는 영혼을 절대로 놓치지 않았다.

내가 사업 때문에 사람을 만날 때는 '그 사람이 예수 믿을까 안 믿을까'가 나의 최고 관심이었다. 저 사람이 나한테 가격을 얼마나 쳐줄 것이냐, 이 계약이 성사될 것이냐는 두 번째였고, 그 사람이 예수 믿느냐 안 믿느냐 그것이 가장 궁금했다. 너무 궁금하면 상대의 직급과 나이, 갑을 관계 상관없이 기회를 봐서 지혜롭게 찔러본다.

"혹시 예수님 믿으세요?"

하나님께서 그것을 기뻐하셔서 생각지도 않는 방법으로 정말 많이 도와주셨다.

잘 모르는 사업을 시작하게 하시다

나는 사업을 하나 하고 있었는데 어느 날부터인가 장인어른이 자꾸 인테리어를 해보라고 하셨다. 나는 기계공학을 전공해서 건축이나 인테리어는 잘 모르기 때문에 계속 한 귀로 듣고 한 귀로 흘려들었는데 어느 날 그 권고가 하나님의 음성으로 들리는 일이 있었다. 매일 아침, 큐티를 하고 그중에서 한 말씀 붙잡고 기도하는 가운데 출애굽기 18장에서 모세가 장인 이드로의 충고를 들었다는 말이 확 들어오면서 인테리어 사업을 해보라는 장인의 권고가 하나님의 음성으로 들려 다시 생각해보게 된 것이다.

하나님의 인도는 정확해서 그 음성을 들은 지 얼마 되지 않아 나의 전공과는 전혀 상관없는 인테리어 사업을 하게 되었는데 전적인 하나님의 인도하에 얼마나 행복하게 사업을 했는지 모른다. 이 하나님 말씀 안에 우리 삶의 길이 다 있다.

교통사고로 익은 고구마를 붙여주시다

얼마 후, 과천에서 강남구 삼성동 무역센터에 있는 회사까지 그 밀리는 도로로 출근하는 길에 뒤에서 누가 내 차를 박아서 트렁크 뒤쪽까지 찌그러지는 사고가 났다. 뒤차의 운전자가 깜빡 졸았다고 죄송하다고 하면서 운전면허증, 주민등록증, 명함을 내밀고 원하는 대로 가져가라고 하는데 나는 '오, 하나님. 이 아침에도 익은 고구마 붙여주십니까'라는 생각부터 들었다.

내 차를 박은 운전자에게 "범퍼는 박으라고 둔 것입니다"라면서 그 사람의 명함을 집어 들고 보니까 외국계 헤드헌터 회사 사장이었고 마침 그 회사는 내 회사와 같은 무역센터 내에 있었다. "출근 시간이라 차가 많이 밀리니 일단 회사 들어가서 명함에 있는 연락처로 전화 드리겠습니다"라고 하고 회사로 들어왔다.

차 수리는 내 보험으로 처리하고 전화하여 오늘 점심을 같이하면 어떠냐고 하니까 괜찮다고 해서 식당에서 만났다. 내가 그 분을 만난 목적은 순전히 전도하려는 데 있었다. 점심 먹으며 이런저런 이야기를 하다가 예수 믿냐고 물어봤더니 식은 고구마(예수 믿다가 현재는 교회를 안 다니는 사람)였다. 미국 시민권자로 미국에서는 신앙생활을 했는데 여기 와서는 바빠서 못 나가고 있다는 것이다.

그래서 나는 불교 신자였다가 교통사고 정면충돌로 예수 믿게 되어 지금까지 지내고 있는 간증을 하였다. 내 간증을 듣고 난 후, 그 분이 처음에는 나를 의심했다고 털어놓았다.

너무 간단하게 헤어졌기 때문에 오늘 만나서 여기도 아프고 저기도 아프다며 돈을 뜯어내려고 할 줄 알았다는 것이다. 그런데 예수 믿는 사람이라서 그랬구나 하고 생각하니까 자기가 그렇게 생각한 것이 너무 부끄럽고 죄송하다는 것이다. 그리고 너무 감사하다면서 나의 이런 모습에 도전받고 신앙을 회복하겠다고 약속했다.

전도한 자로 인해 사업이 열리다

그런 후에 우리 회사에 대해 얘기가 나와서 "인테리어 회산데 이러저러해서 시작하게 됐고 아직은 뭐가 뭔지 모르지만 하여튼 열심히 하고 있다"라고 했더니 주업종이 뭐냐고 물었다. 주업종? 당시 인테리어 회사는 주업종이 있었는데 나는 잘 몰랐다. 그래서 사무실에 전화해 알아보니 오피스 인테리어라 했다(내 회사의 주업종도 모르니 얼마나 모르고 시작한 사업이었는지 짐작할 수 있을 것이다).

그러자 그 분이 "아, 제가 좀 도와드릴 수 있겠네요" 하고 헤어졌는데 나는 무슨 말인지 몰랐다. 일주일 후에 그 분이 전화를 하여 "미국 기업인 맨소래담이 한국에 들어오는데 5층 건물을 계약해 인테리어 할 것"이라며 우리 회사를 연결해주었다. 회사를 시작한 후, 새 계약을 한 건도 못 했는데 첫 계약이었다.

이후에도 그 분이 계속해서 외국계 기업을 소개하며 연결해주었다. 정말 감사해서 사례하려고 얼마를 드렸더니 절대 이런 거 하지 말고 이것은 교회에 감사 헌금을 하라고 해서 너무 창피했다.

그 분이 자신은 신경 쓰지 말고 소개해드리는 회사에 열심히 최선을 다해서 최고로 해달라고 하면서, 처음 만날 때부터 자기 신앙에 도전을 주고 다시 회복시켜줘서 너무나 감사한 마음이라고 했다. 이것은 사업하는데 전적인 하나님의 섭리였고 터치였다. 나는 하나님의 일을 할 때 하나님은 내 일을 하고 계시지 않는가 말이다.

당신은 어떤 사람을 만나고 있는가. 지금까지 당신과 만난 사람들이 얼마나 많았는가? 그 사람을 통하여 나에게 복을 주시려고 하나님께서 예비하신 사람도 있었을 것이다. 그러나 모르고 그냥 지나간 사람들이 얼마나 많은가!

지금도 있고 앞으로도 만날 사람이 많을 텐데, 만일 예수쟁이인 것을 감춘다면 당장은 이익이 올 수도 있겠지만 예수쟁이임을 드러낸다면 하나님께서 그 모든 과정을 책임지시고 부어주신다. 내가 하나님의 일을 할 때 하나님은 내 일을 하신다.

GOGUMA EVANGELISM

복음과 함께
나아가는
고구마전도

15장
고구마전도는 전도법이 아니다

고구마전도는 전도 방법이 아니다

예수 믿고 목사님과 처음 전도를 나간 날을 다시 기억해본다. 난생 처음 만난 익은 고구마 아저씨에게 당시 기도를 전혀 할 줄 모르는 내가 기도를 해드리겠다며 손을 잡고 "주여 주여 주여"만 하다가 눈을 떴을 때, 옆에 앉아 있던 사람들은 다 가버리고 또 다른 사람들이 주변에 삼삼오오 서서 우리를 이상한 눈으로 보고 있었다.

그때 문득 영화 〈패션 오브 크라이스트〉에서 사람들이 십자가에 달린 예수님을 막 욕하고 조롱하는 장면이 떠오르면서 가슴이 찡해졌다. 사람들이 우리를 보고 비웃고 손가락질하고 있었지만 하나도 부끄럽지 않았고, 오히려 '저 사람들 속에 이 아저씨 같은 사람이 있으면 어떡하나' 하는 생각이 들면서 마음이 급해졌다.

그때부터 미친 사람처럼, 일어나서 사람들에게 다가가 "안녕하세요" 하고 말을 걸기 시작했다. "어머머, 미쳤어" 하며 도망가는 사람도 있었지만 개의치 않고 계속 사람들에게 말을 걸며 왔다 갔다 했다. 그때 누가 내 팔목을 낚아채서 꽉 붙들었다. 함께 전도 나간 목사님이었다.

"이제 갑시다."

나중에 목사님이 그 사람에게 차근차근 복음을 제시하셨다. 의외였다. 내 앞에서는 "안녕하세요? 예, 안녕하세요?" 이렇게만 말씀하시던 목사님이 저렇게 말씀으로 복음을 전하시다니.

알고 보니 그것은 일단 대상자의 마음이 열렸나 안 열렸나를 먼저 확인해보는 것이었다. 인사말을 툭툭 던지며 살펴보다가 준비됐구나 싶으면 앉아서 간증 간단하게 하고 나서 서서히 복음 제시로 들어가는 것이다.

그 후로 나도 교회에서 하는 전도훈련을 받게 되었는데 전도폭발 훈련이었다. 이 훈련을 3단계까지 배워서 7년 동안 전도의 현장을 경험했다. 그러면서 처음 전도 나갔을 때 목사님이 하신 전도가 생각나면서 고구마전도가 나오게 되었다.

고구마전도와 전도폭발은 상당히 연계되어 있다. 다만 전도폭발이 논리적이고 복음을 어떻게 제시할 것인지 알려주는 방법론이라면, 고구마전도는 방법론이 아니라 영혼 사랑의 열정과 전도의 동기부여이다.

고구마전도는 영혼에 대한 관심과 열정이다

　이런 열정을 가지려면 먼저는 나 스스로 매일 복음 앞에 서야 하고, 현장에서 많은 사람을 찔러보면서 성령께서 주시는 느낌을 가져야 한다. 고구마전도의 핵심은 '찔러보자'가 아니고 '찌르기 전에 먼저 복음 앞에 서자'이다. 복음 앞에 서면 결국은 복음을 전하게 되어있기 때문이다.

　고구마전도는 네 마디가 핵심이다. 그래서 그 네 마디를 하는 데 무슨 전도세미나를 며칠이나 하고, 고구마전도학교를 몇 주나 하느냐고 할 수도 있다.

　그러나 고구마전도는 어떤 전도 방법을 가르치는 것이 아니고, 우리를 복음 앞에 서게 하고, 우리를 사랑하시는 하나님 아버지의 마음을 깨닫게 하며, 흐트러져 있던 신앙의 퍼즐을 잘 맞추게 한다. 내가 이때까지 어떻게 신앙생활 해왔으며 하나님께서 기뻐하시는 신앙의 바른 방향으로 가고 있었는지 구체적으로 점검하게 한다.

　고구마전도학교 또한 고구마전도의 방법이 아니라 복음의 깊이와 넓이, 한 영혼에 대한 하나님의 사랑과 열정을 배우는 학교이다. 소중한 한 영혼에 대한 하나님 아버지의 간절한 마음을 함께 나누며, 예수 그리스도의 복음을 확실히 되새겨 구원의 깊이와 넓이를 더해주는 학교이다.

　우리는 사람을 낚는 어부이다. 고기 잡는 어부의 관심이 고기에 있다면 사람 낚는 어부의 관심은 사람에 있어야 하지 않겠는가. 나 역시 늘 '저 사람이 예수 믿겠나 안 믿겠나'에 관심이 있었다.

'오, 롤스로이스 타고 다니네. 저 사람이 예수 믿겠나 안 믿겠나.'

'저 웨이트리스 힘들겠다. 다리 퉁퉁 붓겠네. 그런데 예수 믿겠나 안 믿겠나.'

'우리 아이 선생님 너무 좋으시네. 예수 믿겠나 안 믿겠나.'

'아이고, 우리 아이 친구들이 많이 왔네. 맛있는 것 많이 해줘야겠다. 그런데 이 아이들이 예수 믿겠나 안 믿겠나.'

'우리 과장님 예수 믿겠나 안 믿겠나.'

'우리 회장님 예수 믿겠나 안 믿겠나. 언젠가는 찔러보리라.'

아내가 임신하니 거리에 온통 임신한 여자들밖에 안 보이고 아가방, 꼬까방 같은 유아용품점만 보였다. 요즘은 임산부를 본 적이 없다. 정말 없어서일까? 관심이 없기 때문이다. 영혼 구원에 관심이 있으면 희한하게도 예수 믿을 자가 보인다.

고구마전도 박사 논문을 쓰기까지

미국 들어간 뒤 17년 만에 고구마전도가 신학적인 배경이 되어서 고구마전도로 남침례신학교에서 박사학위를 받았다. 나는 전도폭발을 목숨 걸고 7년간 했는데 현장에서 우리 상황과 안 맞는 부분이 있어 고민하다가 고구마전도가 나오게 되었다.

사영리, 전도폭발, 브릿지전도 같은 전도법이 모두 서양에서 나왔는데 동양에서는 최초로 고구마전도가 박사 논문이 통과돼서 신학교 도서관에 들어가게 되었고, "당신이 founder(창시자)니까 founder의 언어로도 논문을 써달라"라는 학교 측의 부탁과 배려로 신학교 논문 중 유일하게 한국어와 영어로 된 논문을 쓰게 되었다.

그 논문을 쓰는 과정은 엄청나게 힘들고 긴 여정이었다. 미국 신학교의 논문 쓰는 스타일도 힘들고, 목회 사역을 병행하면서 한 번씩 5시간 비행기 타고 루이빌에 가서 아침부터 밤까지 학교 도서관에서 책 쌓아놓고 보는 것도 힘들었다.

신학적 기초나 학문적인 기초를 쌓기도 힘들어서 논문을 시작할 때는 감조차 못 잡았다. 처음에는 논문을 설교식으로 써서 지도교수가 다 퇴짜를 놓았고, 그다음에는 "네 주장이 맞다고 생각하지만, 네 말만 하면 안 되고 이미 그렇게 주장한 신학자를 찾아서 그 신학 논문을 근거로 베이스를 깔아야 한다"라고 조언했다.

그러나 영어도 부족해서 지도교수가 10을 가르쳐주면 한 6밖에 못 알아듣고, 4는 또 뭔가 싶어서 다시 물어보고, 듣고 헤매고 또 듣고 헤매고…. 정말 머리가 한 줌씩 빠졌다. 이것을 꼭 해야 하나 싶을 때도 많았지만 학교에서는 내가 동양에서는 최초니까 사명감을 갖고, 또 이 전도가 굉장히 파워풀하니 꼭 해보라고 해서 다시 힘을 냈다.

그런데 그때 결정적인 순간이 하나 있었다.

지도교수 앞에서 전도하다

내가 아무리 "고구마전도는 방법론이 아니라서 '고구마전도법'이라고 하면 안 됩니다. 사영리, 전도폭발, 브릿지전도는 방법이지만 고구마전도는 어떤 방법이 아니라 동기부여이고 열정입니다" 해도 지도교수는 그게 왜 그러냐고 하면서 도무지 이해하지를 못했다.

그러다 저녁 시간이 돼서 함께 식사하러 나갔다. 일식집에 들어갔는데 시간이 좀 일렀는지 손님이 전혀 없었다. 웨이트리스가 한국인 같아 보여서 주문받으러 왔을 때 말을 걸어보니 맞았다.

"와우, 일식집에 한국 분이 계시니 너무 반가워요. 수고하십니다. 식당 일 마치고 나면 발도 붓고 너무 힘드시죠."

"괜찮아요. 즐겁게 하고 있어요."

"제가 여쭤볼 게 있는데요, 혹시 예수님 믿으세요?"

그런데 그 여자분의 표정이 달라졌다. 동행한 미국인 교수님이 있는데도 내게 "저 좀 살려주세요" 해서 교수님에게 잠깐 양해를 구하고 옆 테이블로 갔다. 이유를 묻자 1년 동안 불면증에 시달리는데 도무지 잠이 안 와 미치겠다는 것이다. 무슨 걱정이 있느냐 하니 "모르겠어요. 하여튼 잠이 안 와서 1년 동안 헤매고 있어요"라고 말했다.

그 주에 열두 해 혈루증 앓는 여인이 예수님의 옷자락을 잡는 본문으로 설교를 준비하고 있었는데 1년 열두 달과 열두 해가 연관되면서 지금 옷자락 잡는 거구나 싶어 간단히 하인예음의 복음을 제시했다.

"… 이것을 내 마음에 믿고 입으로 시인한다면 하나님의 자녀가 되고 하나님의 권세를 가지게 되고 또 지금 가장 절실한 기도제목도 하나님이 응답해주실 겁니다. 우리 자매님, 예수님 믿기를 원하세요?"

"믿고 싶어요. 어떻게 믿는 거예요?"

그래서 내 기도를 따라 하게 하고 영접기도를 드렸다.

"하나님 아버지, 저는 죄인입니다. 예수님이 나의 죄 때문에 십자가에서 고통당하시고, 죽으시고 3일 만에 부활하신 것을 믿습니다. 이제 이것을 믿음으로 나의 죄가 완전히 없어지고 해결 받았음을 믿습니다. 이제 예수님을 내 죄를 해결해주신 구원자로, 내 삶의 주인으로 영접합니다. 성령으로 오셔서 내 삶을 책임져주옵소서. 예수님의 이름으로 기도합니다. 아멘."

그러고 나서 그 분을 위해 기도해드렸다.

"하나님, 이 만남이 우연이 아닌 줄로 믿습니다. 우리 자매님이 이제 예수님을 영접하고 하나님의 자녀가 되었으니 하나님께서 책임져주옵소서. 불면증이 완전히 없어진 줄로 믿습니다."

이야기를 마치고 일어나 자리로 돌아왔다. 다 보고 있던 교수님이 "무슨 이야기를 했는지는 모르겠지만 뭔가 저 사람이 예수님을 믿게 된 것 같다"라고 해서 설명을 해드렸다. 교수님이 저 여자분을 자기 교회로 초청하고 싶다고 했고, 마침 그 자매님도 교회를 소개해달라고 부탁한 터라 교수님을 소개해드려서 이야기가 잘 되었다. 몇 분 안에 벌어진 일이었다.

전도의 기회를 놓치지 않는 것이 고구마전도!

그러고 나서 교수님이 하신 말씀이다.

"우리는 먹는 것과 전도를 별개로 해서, 즐겁게 먹고 저 사람이 서빙 잘하면 팁 많이 주고 나옵니다. 그런데 종말론적인 입장에서 보면, 저 여인에게 전도하지 않았다면 오늘 저녁에 저 여인이 이 땅을 떠나면 바로 지옥입니다. 그러나 이 식당에서의 만남을 통해서 복음을 듣고 예수를 영접한 저 여인은 오늘 이 땅을 떠나도 천국에 갑니다. 식당에 밥을 먹으러 왔다가 거기서의 만남을 통해서도 예수를 전하는 것이 바로 고구마전도군요. 정말 놀랍고 감동적입니다."

그렇다. 고구마전도는 무슨 방법이 아니라 생활 속에서 만나는 사람마다 자연스럽게 한 번 찔러보고 영생 주시기로 작정된 자, 하나님께서 다 준비해놓은 영혼을 찾아내는 것이다. 그런데 입 다물고 있으면 모른다. 그래서 어디 가서 누구를 만나든, 기회만 있다면 그 기회를 놓치지 않고 한 번 찔러볼 때 작정된 익은 고구마도 만나고 생고구마도 만나는 것이다.

유대인들은 자기는 유대인이라고 싹 바뀌어서 전혀 관심 없다며 화를 낸다. 그러면 그만이다. 그러나 상대방이 믿든 안 믿든, 예수 믿으라고 말할 때 내 가슴이 뜨거워진다.

이 과정을 다 지켜본 교수님이 내게 논문 걱정은 하지 말라고 했다. 나는 너무 걱정하고 있었는데 교수님이 걱정하지 말라며, 자기가 다른 교수에게 다 이야기해주겠다고 말했다.

나중에 교수님들이 "그 이야기 들었다. 너무 파워풀하다. 이 고구마전도가 동양에서 나왔지만 서양에서도 생활 가운데서 충분히 그대로 다 적용할 수 있을 것으로 믿는다"라고 격려하고는 논문 통과를 축하해주었다.

전도하는 현장에서 내가 하나님의 일을 할 때 하나님은 내가 어렵다고 생각하는 그 일을 해주시는 것도 다시 한번 경험했다.

16장
고구마전도의 네 마디

너도 고구마 나도 고구마

사람이 두려워서 전도가 힘들다면 사람을 사람으로 보지 말고, 비유컨대 한번 고구마로 보자. 그러면 약간 편안해진다. 너도 고구마, 나도 고구마니까. 상대가 대통령이다? 그래도 고구마다. 미국에 가서 백인들 보고 쫄 필요 없다. 백인은 흰 고구마, 흑인은 까만 고구마, 나는 노란 고구마이다.

고구마를 찔 때 익었나 안 익었나를 어떻게 확인할까? 젓가락으로 한번 찔러봐서 쑥 들어가면 익은 것이고 안 들어가면 아직 덜 익은 것이다. 익은 고구마는 꺼내서 먹으면 된다. 그러면 안 익은 고구마는 새카맣게 탈 때까지 내버려 둘까? 2, 3분 뒤에 또 찔러봐서 익었으면 골라내고, 안 익었으면 놔두었다가 나중에 또 찔러보고 또 찔러보는 것이다. 자꾸 찔러봐서 젓가락 구멍이 많이 날수록 고구마는 더 빨리 익는다.

사도행전 13장 48절 말씀에 "영생을 주시기로 작정된 자는 다 믿더라"라고 하였다. 영생을 주시는 분이 누구인가? 하나님이다. 작정하시는 분이 누구인가? 하나님이다. 전도의 주권은 100퍼센트 하나님께 있는 것이다. 나에게 어떤 지식이 좀 있고, 내가 말을 좀 잘한다 해도 전도의 주권은 내게 있지 않다. 하나님께서 하셔야 하고, 하나님께서 다 해놓으신 자는 내가 이상하게 해도 결국 다 전도가 된다.

그래서 전도란 하나님께서 다 해놓은 자를 찾아내는 일이다. 추수할 익은 곡식이 많은데 그 익은 곡식을 찾아내는 것이다. 전도는 내가 뭔가 막 노력해서 익게 하는 것이 아니고, 나는 그저 영적인 젓가락으로 한 번 찔러 확인해보는 것뿐이다.

고구마전도에서는 크게 네 마디만 하면 된다.

"예수 믿으십니까?"

"그래도 믿어야 합니다."

"너무 좋습니다."

"기도하고 있습니다."

그중에서 특히 고구마를 찔러보는 영적인 젓가락은 "예수 믿으십니까?"와 "기도하고 있습니다" 이 두 마디이다.

예수 믿으십니까?

첫 번째 영적인 젓가락은 "예수 믿으십니까?"라는 질문이다.

"교회 다니십니까?"라고 물어보지 말라. 아무 힘도 없다. 통일교 신자도 교회 다닌다고 대답한다. "신앙생활 하세요?"라고도 물어보지 말라. 이 질문은 더 힘이 없다. 남묘호렌게쿄 신자도 신앙생활 한다고 대답한다. 이 두 질문은 가볍고 부담 없이 질문할 수 있지만 아무 힘이 없다.

"예수 믿으십니까?"는 질문하기 힘들다. 그러나 하기 힘들고 어려워도 "예수 믿으십니까" 한두 번 하게 되면 예수 이름에 능력이 있음을 알게 된다. 이 말은 다른 말과 참 다르다. 예수의 이름은 귀신도 믿고 떠는 이름, 하늘과 땅의 권세를 지닌 이름, 모든 이름 위에 뛰어난 이름이기 때문에 그 이름에는 능력이 있다. 그래서 "예수 믿으십니까"의 핵심은 예수 이름의 능력이다.

예수 이름에 능력이 있기 때문에, 상대방이 예수를 믿게 되든 거절하든 상관없이, 내 입에서 "예수 믿으십니까" 할 때 내 주위, 내 가정, 내 자녀를 괴롭히는 악한 영은 떠나가 버린다.

"예수 믿으십니까"라는 질문은 저 사람이 예수 믿나 안 믿나를 알아보기 위해서 확인하는 젓가락이지만 이 말 자체로 그 자리에서 예수 이름의 능력을 선포하는 것이다.

그 이름의 능력을 믿는가? 예수 이름 앞에 모든 신은 무릎 꿇는 것을 믿는가? 그렇다면 예수 이름을 선포하라. 불신자에게 이 사회에서 교회의 이미지를 쇄신하려 하는 소극적인 전도를 하지 말라. 가서 그냥 예수 믿느냐고 물어보라. 믿든 안 믿든 그것은 하나님의 주권이다. 그러나 예수 이름을 선포할 때 내가 영적으로 승리한다.

이 경험을 안 해본 사람은 모른다. 그러나 이것을 아는 순간, 이것을 경험하는 순간, 그 사람은 말릴 수 없다. 그래서 미국에서 선교사가 가난한 나라 조선에 들어온 것 아닌가. 백 명도 안 되는 그 작은 미국교회가 조선을 어떻게 알고 선교사를 파송했을까. 그 담대함은 아무도 못 말린다. 내 앞에 있는 생활의 문제, 사업의 문제 앞에서도 담대해져서 내 사업체에 거래가 뚫리든 안 뚫리든, 부도가 나든 안 나든 관계가 없어지는 것이다.

공동관심사나 칭찬으로 시작하라

고구마전도에서 "예수 믿으십니까?"가 첫마디이고 첫 번째 영적 젓가락이지만, 그렇다고 모르는 사람에게 만나자마자 불쑥 "예수 믿으십니까?" 하는 것보다는 공동관심사를 물어보며 조금 대화를 이어가다가, 또는 칭찬을 해준 후에 묻는 것이 좋다.

마켓의 만두 코너에서 만두 이야기를 하다가 중국 여자분을 전도한 사례가 공동관심사로 시작하는 경우에 해당한다. 칭찬으로 시작하는 것은 "안녕하세요? 와, 화장을 세련되게 잘하셨네요. 어떻게, 메이크업 공부를 하셨나요? 아니, 어떻게 그렇게 아이섀도하고 립스틱 색깔이 정말 매치가 잘 되고 화장을 너무 세련되게 잘하셨죠? 혹시 예수 믿으시나요?" 이런 식이다. 물론 예수 믿는 것과 화장 잘하는 것은 아무 관계가 없다. 그래도 칭찬해주면 좋아서 마음의 경계를 늦추는데 그때 예수 믿으시냐고 묻는 것이다.

대뜸 물어보면 "우리는 불교야!" 하고 역정 낼 사람이라도 "할머니, 연세가 어떻게 되세요? 아니, 그런데 어쩌면 그렇게 고우세요" 하고 마음 문을 열고 나서 "그런데 한 가지 여쭤볼 것이 있는데 할머니 예수 믿으시나요?" 물어보면 "우린 절에 다니지~" 정도로 유순한 대답을 한다.

최고의 진단 질문

"예수 믿으십니까?"는 예수 이름의 능력을 선포하는 말이면서 또한 최고의 영적 진단 질문이다. 전도폭발에는 두 가지 진단 질문이 있어서 그 질문으로 이분이 어떤 상황이고 어떤 배경인지 알 수 있는데 고구마전도에서는 이 질문만으로도 상대방이 부정적인지, 상처받았는지, 다른 종교 배경이 있었는지 등 그의 영적 배경이나 현재 상황을 금방 짐작할 수 있다.

"예수 믿으세요?"라고 물으면 단순히 "예", "아니오"로 대답하는 경우가 거의 없다.

"제가요, 학창시절에 교회학교에서 회장을 했는데요"

"아니, 교회가 말이에요…"

"우리 어머니가 점쟁이인데…"

회장을 했는지, 어머니가 점쟁이인지, 교회에 불만이 있는지 묻지 않았다. 그저 예수 믿냐고 했을 뿐인데 사람들은 자기의 생각과 배경을 다 이야기하기 때문에 그것을 듣고 있으면 영적 진단이 되고, 그가 어떤 고구마인지 진단할 수 있다.

예수를 아직 믿고 있지는 않지만 긍정적으로 반응하는 사람은 익은 고구마이다.

"아이, 가기는 가야 되는데 시간이 좀 없어서…"

"동생이 자꾸 믿으라 하긴 하는데…"

"안 그래도 교회를 좀 찾고 있는데…"

이런 익은 고구마가 내 경험상 열 명 중에 두 명 정도는 있다. 하지만 말을 안 하고 안 찔러보면 도무지 발견할 수가 없다. 그래서 익은 고구마는 말하면 있고 말 안 하면 없으며, (전도하러) 나가면 있고 안 나가면 없다.

고구마전도는 이런 익은 고구마, 하나님께서 영생을 주시기로 작정된 자들을 찾아내는 것이다. 이들에게는 1분만 시간을 내달라고 하여 되도록 하인예음의 복음을 전하려고 시도해보라.

예수를 믿는다고 하면 그는 익은 고구마가 아니고 형제 고구마이다. 이때는 어느 교회를 다니는지를 꼭 물어보라. 다니는 교회 이름이 바로 나오면 격려하고 헤어지면 된다. 만일 귀찮아서 믿는다고 했다면 이때 금방 탄로 난다. 우물쭈물하거나 "장로교회요" 이러면 가짜인 것이다.

과거에는 교회에 다녔지만 시험 들어서 안 나오는 사람은 식은 고구마이다. 기독교에 대한 인식을 바로 해주면 좋은데 조심스러운 접근이 필요하고, 복음을 제시할 가능성이 있으니 기회가 닿는 대로 하인예음의 복음을 이야기해주면 좋겠다.

신천지나 여호와의 증인, 몰몬교 등 이단은 썩은 고구마로 본다. 썩은 고구마와는 이야기 안 하는 것이 가장 좋다. "제대로 믿어야 합니다. 너무 좋습니다" 이런 정도로만 이야기하고, 그 이상은 대화하지 말라. 그들은 자기가 딸린다고 생각되면 그다음 사람 데려오고 자꾸 연락을 해온다. 그러니 '내가 이 사람을 전도해서 변화시켜봐야겠다'라고 생각하지 말기 바란다. 그것은 '내가 하려고 하는 것'이다. 생각은 좋지만 그러지 말 것을 당부드린다.

마음 문이 닫혀서 일단 반대하는 사람은 생고구마인데 사실 우리가 전도를 주저하는 것은 이 생고구마 때문이다. "안녕하세요? 예수 믿으십니까?" 하자마자 "에이~ 시베리아허스키. 교회가 그따위로 해갖고 말이야, 안에서나 똑바로 하지, 십 원짜리 이십 원짜리…" 하면서" 퍼부어대니까 막 가슴이 뛰고 이미 그 말에 상처받아서 '아유, 내가 나가고 싶어 나갔나. 목사님이 나가라 해서 나갔다가 이게 무슨…. 난 이제 가슴 떨려서 못 나간다' 하고 주저앉아 버린다.

그런데 떨 필요 없다. 상대방의 말을 가만히 듣고 있다가 '응, 생고구마구나' 하면 된다. 너도 고구마 나도 고구마, 그러면 괜찮다. 생고구마니까 구멍을 더 내야겠다고 생각하면 그만이다.

내가 작두도사에게 처음에 예수 믿냐고 물어봤을 때 "에이, 씨~" 하고 벌떡 일어나는데 한 대 칠 것 같았다. 당연히 나도 예상했지만, 마음속으로 '오우, 예상대로 코팅고구마(젓가락도 안 들어갈 만큼 센 생고구마)구나' 하고는 그냥 인사하고 나왔다. 그거면 된다.

"구나 구나"로 공감하며 들어주어라

생고구마 중에는 막 자기주장을 펴는 사람이 많다. 그럴 때 교회가 다 그런 것은 아니다, 우리 교회는 안 그렇다 하며 논쟁하거나 설득하려 하지 말라. 가만히 들어주면서 중간중간 "구나, 구나"로 대답해주어라.

예를 들면, "우리는 불교예요" 하면 "어머, 불교시구나"라고 대답하는 것이다. 또는 "교회가 말이에요, 내가 한 번 가봤는데 돈 이야기나 하고… 어쩌고저쩌고…" 하며 열을 내는 생고구마가 있다면 "어머, 그런 일이 있었구나", "아, 그렇게 생각하시는구나" 하면서 들어주는 것이다.

이 "구나, 구나"는 "네 말이 맞다"라는 것이 아니고 "당신의 마음을 이해한다"라는 뜻이다. 그 사람이 준비되고 안 되고는 하나님의 주권인데 내가 무엇을 어떻게 하겠는가. 내가 할 수 있는 것은 그 사람의 마음을 이해하는 것 뿐이기에 '그렇게 힘들었겠구나', '아이고, 그런 일이 있었구나'라는 뜻으로 들어주고 그런 마음을 담은 어투로 한 번씩 대답해주는 것이다. 그러고 나서 헤어지기 전에 딱 두마디만 하라.

그래도 믿어야 합니다

이 말에는 "당신이 교통사고 나고 큰 병에 걸리고 부도나서 그때 하나님 찾지 말고, 내가 믿으라고 할 때 그래도 믿어보세요"라는 말이 생략되어 있다. 하나님 측면에서 다시 말하면 "당신이 천 년 만 년 살 것 같아요? 당신이 아무리 그렇게 생각하고, 어떤 지식이 있고 다른 종교에서 어떤 교육을 받았든, 또 당신이 어떤 경험과 상처가 있다 해도 당신은 예수를 믿을 수밖에 없는 존재예요. 당신은 꼭 예수를 믿어야 합니다" 이런 뜻이 담긴 말이다.

그러나 이 말을 그대로 이야기하면 논쟁이 되니까 상대방의 말에 "구나 구나 구나" 하다가 마지막에 핵심적인 한마디, "선생님, 그래도 믿어야 합니다" 해주는 것이다. 이 말은 말하자면 업어치기 한 판이다.

이 말을 할 때는 말투와 표정이 달라야 한다. "그래도 뭐 믿어보세요" 정도로 말하는 게 아니라 그래도, 그래도 믿어야 한다고 안타까운 마음을 진심으로 전하는 것이다. 전도대상자의 공로나 명예나 생각이나 지식이나 인생철학이나 그 어떤 조건으로도 구원을 얻지 못하기 때문에, 그가 아무리 이러저러하게 생각해도(=그래도) 하나님의 형상으로 창조된 인간은 오직 예수 믿고 하나님 안에 있어야 한다는 것과, 그런 그를 바라보시는 하나님의 안타까운 심정을 강력하고 담대한 말투와 표정으로 표현해야 한다.

너무 좋습니다

"그래도 믿어야 합니다" 한 다음에는 "너~무 좋습니다"라고 한마디 덧붙여준다. 예수 믿는 것이 너무 좋다는 것은 예수 이름 때문에 악한 영이 무릎 꿇고, 그래서 우리가 예수 이름 때문에 승리하고 구원받고 천국을 소유했음을 다시 한번 되새기는 것이다.

그런데 그 말을 할 때 내 상태가 안 좋을 수 있다. 그러면 어떻게 "너무 좋습니다"라고 말할 수 있을까? 그것은 거짓말하는 게 아닐까? 그렇지 않다. 예수 믿는 것은 환경과 여건에 좌우되는 것이 아니기에 마음에 가책을 느끼며 거짓말을 하는 것이 아니다. 원래 예수 믿을 때 그 기쁨이 이미 와 있는데 환경 때문에 가려져서 잊고 있었을 뿐이고, 그 기쁨을 전도하면서 되찾는 것이다.

생각해보라. 우리는 이미 구원의 선물을 받았다. 값없이 받았지만 값어치가 없는 것이 아니다. 예수님이 그분의 생명으로 엄청난 값을 치르셨기 때문에 굉장히 귀중한 것을 공짜로 받았을 뿐이다. 내 여건과 환경이 잠시 어렵다고 그 가치가 없어질까? 그렇지 않다.

내게 기쁨이 없다는 것은 예수 생명이 없다는 것과 똑같다. 예수 생명은 없어지지 않는다. 예수 생명이 들어오면 우리가 배교하지 않는 한 하나님께서 우리와 함께하신다.

우리가 연약해서 여건과 환경에 따라 넘어지기도 하지만, 괜찮다. 그럴 수 있다. 다만 예수 생명과 구원의 기쁨이 원래 있다는 것을 깨닫고 다시 한번 일어서야 한다.

불신자 생고구마의 말에 상처받아서 돌아오는 게 아니라 그들 앞에서 "너무 좋습니다" 하는 순간, 남편이 돈을 못 벌고 자녀가 대학을 못 가고 내가 아프고 등등 내 상황이 안 좋아도 "너무 좋습니다" 하는 순간 일어나 버린다. 그래서 기쁨을 다시 한번 찾아내고 되새기게 된다.

내가 예수 믿는 이 상황이 환경에 좌우될 것이 아니기에, 불신자를 만났을 때 그래도 믿어야 한다고 하나님 아버지의 마음을 간절히 전하고, 너무 좋다고 선포하면 그때부터 내가 좋아지게 된다. 전도하면서 예수 믿으면 너무 좋다고 계속 표현해보면 실제로 기쁨이 올라오는데, 없던 기쁨이 새로 생기는 게 아니라 원래 있는 기쁨이 막 나타나고 솟아오르게 된다.

기도하고 있습니다

생고구마라고 확인된 사람을 다음에 또 만날 수 있다. 그때부터는 두 번째 젓가락이 필요하다. 처음 만났을 때 그 사람의 마음 문이 닫혔다고 해서 '저 사람은 안 믿을 거야' 하지 말고 다음에 만날 때마다 계속적으로 "안녕하세요? 제가 기도하고 있습니다" 하는 것이다.

식당에 가서 식당 주인에게 예수 믿으라고 권했는데 생고구마였다고 하자. 그럼 다음에 그 식당에 갈 때 "우리 교회 한번 나오시죠" 하는 것 갖고는 안 통한다.

"예, 우리 사장님, 제가 계속 기도하고 있습니다."

확인된 생고구마를 계속해서 젓가락으로 찌르는 것이다.

"기도하고 있다"(립서비스가 아니라 실제로 생고구마를 위해 기도하고 있는 것을 말함)라는 이 말은 말하기에는 부담 없는데 듣는 사람에게는 굉장한 파워로 들어간다. 아무리 반대하는 사람도, 불신자도 기도하고 있다는 말은 좋아한다. 처음에는 됐다면서 괜히 하는 소리라고 생각하지만, 우리가 기도하고 중보기도 요청해서 중보하면 하나님께서 역사하신다.

이 말의 말투 또한 매우 중요하다. 그래서 그 사람을 위해 기도하면서, 목사님과 소그룹이나 교회 공동체 식구들에게도 중보기도를 부탁하라. 내가 실제로 기도하고 있고, 혹시 바빠서 기도하지 못할 때도 내가 중보기도 부탁한 사람이 기도하고 있다고 믿는다면 그 대상자를 만났을 때 "제가 기도하고 있습니다"라고 확신 있게 말할 수 있다. 진심은 통하는 법이므로, 표정만 봐도 사람은 그

감을 알고 변화가 일어난다.

여전히 "아이, 저는 아니에요" 하더라도 "그래도 꼭 믿어보세요. 너무 좋습니다. 제가 기도하고 있어요" 하면 된다. 그러다 어느 날, "제가 기억하고 기도하고 있습니다"라는 말에 상대방이 그 진심을 느껴서 "우리 아이를 위해서 기도 좀 해주세요" 이런 말이 나온다면 그때부터 생고구마가 익은 고구마가 되면서 풀리는 것이다. 이 "기도하고 있습니다"로 무수한 영혼이 돌아왔다.

최고의 중보는 영혼 구원

영혼 구원을 위한 중보는 하나님께서 가장 원하고 기뻐하시는 기도이고 최고의 중보기도이다. 내 기도만 하는 사람은 영적인 미성숙함이 있고 중보하는 사람은 성숙한 사람인데 그 중보 중에서도 영혼 구원의 중보를 하는 것이 가장 중보의 정점이다.

마가복음 2장에서 중풍병자의 친구들이 예수님에게 그들의 간절한 믿음을 보여드린다. 침상에 누운 아픈 중풍병자를 네 친구가 침상째로 예수님에게 데리고 가는데 사람들이 너무 많아서 못 들어가니까 지붕 위에까지 올라가서 지붕을 뜯어 구멍을 낸다. 성경에 그냥 지붕을 뜯었다(막 2:4)고만 나오는데 현실적으로 생각해보면 나중에 그들이 물어줘야 한다.

또 그 구멍으로 들것을 내리려면 아주 위험해서 네 명이 호흡을 잘 맞추어서 수평을 유지하며 내려야 한다. 상상을 해보라. 그 친구 하나 살리려고 그렇게 자신들이 손해를 감수하며 땀을 뻘뻘 흘렸을 친구들의 모습을. 그때 예수님이 "그들의 믿음을 보시고" 중풍병자에게 죄 사함을 선포하신다(막 2:5).

"그들의 믿음을 보시고" 이것이 우리가 중보할 때의 핵심이다. 오늘 저 사람은 너무 안 돌아오고, 저 사람은 하나님께서 구원 안 하실 것 같은데 우리가 눈물로 기도하면 중보하는 우리의 믿음을 보시고 그 사람의 구원계획을 바꾸셔서 앞당기신다. 아브라함이 롯의 구원을 위해 간절히 중보하니까 하나님께서 들어주셔서 롯의 구원계획을 바꾸신 것도 중보기도의 좋은 사례라 하겠다.

63년 동안 5만 번 이상의 기도 응답을 받은 위대한 기도의 사람 조지 뮬러(George Müller)는 친구 한 사람을 회심시키기까지 52년을 기도해야 했다. 그는 나중에 기도에 대해 "기도의 응답을 받을 때까지 믿음을 가지고 꾸준히 기도해야 한다"라고 말했다. 응답이 올 때까지 결코 포기해서는 안 된다는 것이다. 그러나 오겠지 하고 가만히 있어서는 안 된다. 기도하고 기도한 대로 행동하고, 기도하고 기도한 대로 행동하는 것이 중요하다.

외국어 젓가락

예수 믿는 우리는 모두 증인이다. 잃어버린 영혼을 찾으시는 하나님 아버지의 마음 때문에 내가 먼저 혜택을 받았다면 이 하나님 아버지의 마음을 같이 공유하고, 이제는 내가 그 일에 조금이라도 동참해야겠다는 마음이 든다면 오늘 한 번 찔러보라.

그저 인사한 다음 "제가 여쭤볼 것이 하나 있는데 혹시 예수님 믿으세요?" 물어보고, 다른 종교나 기독교에 대한 반대의견이나 부정적인 말을 하면 '생고구마구나' 판단하며 들어준 후 "아, 그런 일이 있었구나. 그렇게 생각하시는구나. 그렇구나. 그래도 꼭 믿어보세요. 너무 좋습니다. 안녕히 계세요" 하고 헤어지고, 다음에 만났을 때 "오, 지난번에 만났던 분이시네요. 제가 기억하고 기도하고 있습니다. 그래도 꼭 믿어보세요. 너무 좋아요. 그럼 또 볼게요. 안녕히 가세요" 이것뿐이다.

나는 이 네 마디가 국가과 인종을 초월하여 누구에게나 통한다는 것을 수없이 경험했고, 지금도 선교지를 포함한 많은 나라에서 그 나라 말로 번역된 이 네 마디가 기본도구가 되어 전도가 일어나고 있다. "예수 믿으십니까?", "그래도 믿어야 합니다", "너무 좋습니다", "(당신을 위해) 기도하고 있습니다"라는 고구마전도의 핵심 네 마디를 4개 국어로 간단히 소개하겠다.

영어

- Do you believe in Jesus Christ?
- You still have to try.
- It's so good(wonderful)!
- I am praying for you.

중국어

- 你相信耶穌基督吗(니샹신 예수지두마)?
- 你因该相信耶穌(니 잉까이 샹신 예수).
- 相信耶穌非常好(샹신예수 훼이챵하오)!
- 我会为你祷告(워 훼이웨이니 따오까오).

미국에도 중국 사람이 참 많다. 처음에는 영어로 말을 걸었는데 "No english" 해서 영어로는 할 수 없었다. 그래서 그 사람이 중국 사람 같아서 "你相信耶穌基督吗?"(예수 믿으십니까)하고 물었더니 뭐라 뭐라 하는데 무슨 말을 하는지 하나도 알 수가 없었다. 내가 중국어를 잘하는 것도 아닌데 막 중국어로 이야기하는 것이다.

그래서 영어로 미안하다, 내가 중국어는 한 문장만 안다고 하니 막 웃으면서 영어로 띄엄띄엄 이야기하는데 들어보니까 중글리쉬였다. 우리에게 콩글리쉬가 있으니 아무튼 브로큰 잉글리쉬끼리 통해서 간단히 고구마전도 몇 마디 하면서 4년 동안 중국인 천 명 이상을 찔러보았다.

일본어

- あなたはイエス様を信じますか(아나타와 이에스사마오 신지마스카)?
- でも, 信じてください(데모, 신지떼구다사이)。
- とても素晴らしいです(도떼모 스바라시이데스)!
- あなたの為に祈ります(아나타노 타메니 이노리마스)。

어느 일본 선교사님이 요리 교실을 열었다. 일본은 800만 우상이 있는 나라이고 전도가 안 되니까 한식 요리 교실을 열었는데 한류와 함께 김치 등이 잘 알려져 있어서 동네의 일본인 주부 60명이 왔다. 한국 교회에서 요리 교실이 있다고 광고했는데도 장소가 교회인 것은 별로 상관하지 않고 와서 요리를 재미있게 배웠고, 서로 친해졌다.

그런데 이 선교사님은 '이것이 사역이고 이것이 선교사 일이다'라고 생각하면서, 요리 교실을 하던 17년 동안 단 한 번도 예수 이야기를 하지 않았다. 이 60명 때문에 한국에서 후원받고 있는데 이들에게 예수를 전했다가 혹시라도 이 60명이 다 떨어져 나갈까 봐 두려웠기 때문이었다.

만약에 선교사님이 그들에게 예수를 전했는데 사람들이 "아, 예수 이야기하면 우리는 이제 오지 않겠다. 요리 교실이 여기만 있냐. 다른 데 가겠다" 하며 떠나면, 모처럼 일본사람을 모아서 사역이라고 하는데, 쌓아놓은 노력이 한꺼번에 없어지는 것이 너무 두려웠다는 것이다. 그래서 이 선교사님은 17년 동안 전혀 예수를 전하지 않았다.

2017년에 일본 동경에서 180가정, 360명의 선교사가 참석한 가운데 일본 선교사 재충전 수련회를 했다. 3일간의 수련회 후 파송 예배 시간에 그 선교사님이 나와서 "내가 시간이 없는데 뭘 기다렸는지, 왜 전도를 못 했는지 너무 부끄럽고 후회스럽다. 지금부터라도 눈치 보지 않고 그들에게 예수를 전하겠다"라고 마음에 회복된 것을 고백하며 간증했다.

수련회가 끝나고 다음 주일 오후, 요리 교실 시간에 이 선교사님이 "여러분 앞에 내가 잘못한 게 있다"라고 말을 꺼냈다. 놀라서 뭘 잘못했냐고 묻는 수강생들에게 "내가 예수 믿는 사모요 또 선교사인데 여러분에게 예수에 대해서 말을 하지 못했다" 사죄하고 하인예음의 복음을 말했다. 전혀 두렵지 않았고 오히려 당당했다.

그 자리에서 복음의 능력, 즉 기적이 일어났다. 놀랍게도 26명이 그 자리에서 무릎을 꿇고 예수님을 영접하는 역사가 일어났다. 나머지도 "나 그런 거 싫습니다" 하고 바로 거절하는 것이 아니라 "이거 믿어야 되는데 어떻게 하지. 이거 어떻게 믿어야 하지?" 하는 고민을 하더라는 것이다.

그래서 선교사님이 그들에게 "너무 고민할 필요 없다. 하나님께 맡기고 우리 더 맛있게 하자" 하고 말했다. 그 후로 빠져나가는 사람도 있었지만 새로 오는 사람도 있어서 늘 60명이 유지되었고 선교사님은 계속해서 복음을 당당히 전했다고 한다.

그리고 6개월 후의 일이다. 예수를 믿은 일본 주부 한 명이 교회로 남편을 데리고 왔다. 그 남편은 공무원을 하다 은퇴하신 분으로 아주 정확한 사람인데 그 분이 예수를 믿게 돼서 선교사님도 약간 놀랐다고 한다. 그 분은 아내가 갑자기 너무 많이 달라져서 아내의 말을 듣고 나왔다면서 "이 사람과 같이 신앙생활 하겠다"라며 결단했다고 한다.

결단한 그 날, 같이 저녁식사를 하면서 자기가 교회 근처의 한 빌딩을 리노베이션하는 중인데 거기서 요리 교실과 교회를 하시라고 5층짜리 건물을 사용하게 내주었다는 것이다(일본은 여러 가지 집안 내 분위기나 직장 분위기가 예수를 못 믿게 사람을 누르고 예수 믿으면 따돌리는 분위기가 있어서 그것을 이겨낸 사람은 일당백의 역할을 한다).

이 선교사님이 지금까지 17년 동안 전도를 한마디도 못 하다가 내가 잘못했다면서 예수를 전했더니 예수 믿는 사람이 스무 명이 넘었고, 그것이 너무 감사하기도 했지만 선교사가 복음을 전하지 못하고 계속 요리 교실만 했다는 것에 회개가 더 많이 나왔다고 고백했다. 그리고 왜 선교사역이 힘들고 지쳐 무기력해지는 원인은 개인 전도를 하지 않은 데 있었다는 것을 알았다며 너무 기뻐했다.

스페인어

- ¿Crees en jesús?(끄레엔 헤수스)?
- Aún tienes que creerlo(아운 띠에네스 께 끄레엘로).
- Es muy bueno(에스 무이 부에노)!
- Estoy orando por ti(에스또이 오란도 뽀르 띠).

실전! 고구마전도

현장전도를 나갔을 때 복음 제시부터 교회 인도까지 일련의 과정을 보여드리고자 한다. 익은 고구마라고 판단되는 사람에게는 다음과 같이 복음을 제시하고 영접과 교회 초청까지 이어지도록 하자. 칼날을 항상 예리하게 갈아두듯이 언제든지 활용할 수 있도록 잘 익혀놓도록 한다.

복음으로 초청하라

* 고구마전도의 영적 젓가락으로 찔렀을 때 익은 고구마라고 판단되면

"선생님, 저한테 1분만 시간 내주세요. 제가 성경에 있는 압축파일 엑기스만 잠깐 말씀드릴게요.

1분 하인예음

하 하나님은 우리 선생님을 사랑하신답니다. 하나님은 사랑이시기 때문이죠. 그러나 하나님은 또한 공의로운 분이시기 때문에 작은 죄도 그냥 용서하지 않으십니다.

인 선생님도 저도 모두 죄인이고, 이 죄인은 스스로, 어떤 방법이나 선한 행동으로도 죄를 해결할 수 없답니다. 그래서 그대로 놔두면 영원히 죽습니다.

예 이 상황을 하나님께서 다 아시고 이 땅에 예수님을 보내주셨는데 그 예수님은 참 인간으로 참 하나님으로 오셨고, 이 땅에서 우리가 해결할 수 없는 죄 문제를 십자가에서 대신 생명 바쳐서 완전히 해결하셨습니다. 그분은 삼 일 만에 부활하셨어요.

음 이것을 선생님이 마음으로 믿고 입으로 시인하면 하나님의 자녀가 되고 영원한 생명을 얻습니다. 우리 선생님, 예수님 믿기를 원하세요? 그러면 제 기도 한번 따라 하세요.

영접기도 *대상자가 따라 할 수 있도록 한마디씩

하나님 아버지, / 저는 죄인입니다. / 예수님이 나의 죄 때문에 / 십자가에서 고통당하시고 / 생명 바치시고 / 삼 일 만에 부활한 것을 믿습니다. / 내가 이것을 믿음으로 / 나의 죄가 완전히 해결 받은 것을 믿습니다. / 이것을 믿고 / 이제는 예수님을 / 나를 구원하신 구원자로, / 내 삶의 주인으로 / 내 마음속에 영접합니다. / 성령으로 오셔서 / 나의 삶을 책임져 주옵소서. / 예수님의 이름으로 기도합니다. / 아멘.

전도자의 중보기도

제가 선생님을 위해서 한번 기도할게요.
하나님, 오늘 예비 된 영혼 만나게 해주셔서 감사합니다. 이제 우리 ○○님이 예수님을 영접해서 하나님의 자녀가 되었습니다. 하나님, 끝까지 책임져주옵소서. 예수님의 이름으로 기도합니다.

예배 참석 권유

이번 주일날 시간이 어떻게 되세요? 선생님, 주일날 우리 교회에 예배가 ○시, ○시 이렇게 있는데 제가 꼭 모시고 싶습니다."

이렇게 하는 데 5분이면 충분하다. 예비 된 영혼은 5분 안에도 다 끝난다. 이 핵심적인 내용을 내 안에 확실히 갖고 있으면 선교지에 가도, 급히 복음 전할 어떤 일이 생겨도 두렵지 않다.

회사에서도 브레이크타임에 커피 한잔하면서 "아, 내가 뭐 하나 여쭤볼 게 있는데 혹시 예수님 믿으세요?"라고 툭 던져보고, 상대방이 정말 거부하는 사람이 아니라면 "저한테 1분만 시간 좀 내주세요" 하고 이 하인예음의 복음을 말하는 것이다.

그런데 "하나님은 사랑이시기 때문에 우리 선생님 사랑하십니다" 하다가 "선생님은 죄인입니다" 하면 상대방은 그때부터 기분이 확 나빠지므로, 지혜롭게 "선생님과 저, 우리 다 죄인입니다" 이렇게 하는 것이 좋다.

17장
고구마전도의 열매들

고구마전도로 박사학위를 받다

2001년에 미국에 들어간 것은 나와 내 가족뿐만이 아니었다. 모든 사람이 다 전도할 수 있는 도구인 고구마전도 또한 그때 미국에 함께 들어가 전도 현장에서 계속 사용되며 어느 인종, 어느 민족에게나 통한다는 것이 입증되었고, 신학적으로 학문적으로 실천적으로 계속 다듬어져 갔다.

이제는 이민교회뿐 아니라 다민족교회가 그것을 다 보게 되었고, 큰 교회에서도 이것을 도입하고 있으며, 주변의 미국 교회에서 고구마전도학교를 해달라고 요청을 해온다. 내가 섬기는 소중한교회에서는 1년에 2회, 두 기수씩 고구마전도학교가 진행되어 2019년까지 24기가 마쳤다. 교인들이 온전한 복음을 소유한 성도이자 건강한 전도자로 서고 있으며 평신도 강사들도 세워지고 있다.

처음에 한국적인 배경에서 나온 '고구마' 전도가 미국에서 통하겠느냐는 의구심이 가득할 때 나는 미국은 젓가락이 아니고 포크니까 한 번 찌르면 구멍이 네 개씩 난다고 생각하며 훨씬 잘될 수 있고 잘할 수 있다고 믿어 사명을 가지고 적용했는데 하나님의 은혜로 수많은 열매를 거둘 수 있었다. 그리고 18년이 지나서 내 인생에서 일생일대의 귀한 열매를 맺게 되었다.

남침례신학교(The Southern Baptist Theological Seminary, 켄터키주 루이빌 소재)에서 '고구마전도'로 박사 논문이 통과되어 2018년 5월 18일, 졸업식에서 박사학위를 받았다. 이것은 정말 나의 개인적인 영광뿐만이 아니라 고구마전도가 미국과 세계 각지의 선교지에서 영혼 살리는 일에 널리 쓰임 받도록 하나님께서 열매 맺게 해주신 결과라고 생각하며 오직 하나님께 영광 돌릴 뿐이다.

학교에 논문이 영어뿐 아니라 나의 모국어인 한국어로도 나란히 들어가 있고, 고구마전도학교의 교재는 이미 7개 국어(영어, 아랍어, 인도네시아어, 중국어, 일본어, 스페인어, 네팔어)로 번역되어 한인교회 2세는 물론 미국 교회와 다민족 교회, 선교지의 현지인 교회에서 다민족을 대상으로 사용할 수 있게 되었다.

미국이 살아 있구나!

어느 토요일에 본스라는 마켓으로 전도를 나갔다. 그날 마켓 안에서 생고구마 중국 사람 세 명을 만나고 돌아 나오는데 86세 되신 백발의 미국 할머니 한 분이 우리에게 너희들 지금 전도하고 있는 거 맞냐고 말을 걸어오셨다. 그렇다고 하니 예수님을 전하는 거 맞냐고 다시 물으셨다. 예수님 전하는 거라고 하니 너희 교회 이름이 뭐냐며 적어달라고 하셨다. 우리가 교회 이름을 영어로 적어드리자 이런 이야기를 들려주셨다.

"너희가 전도하는 것을 뒤에서 지켜봤다. 나는 스물세 살에 빌리 그래함 목사님 집회 때 예수님을 영접했고 정말 뜨겁게 신앙생활 했다. 이제 나이가 들어 예배는 못 드리고 있는데, 우리 미국이 자꾸 믿는 사람이 없어지고, 얼마 전에 빌리 그래함 목사님마저 돌아가셔서 이제 미국이 전도는 서서히 끝나가는구나 싶어서 안타까웠다. 그런데 너희가 전도하는 것을 보면서 얼마나 기뻤는지 모른다."

그리고 이렇게 덧붙이셨다.

"I'm so happy. United States of America is alive!"

("나는 미국이 살아 있다는 것에 너무 행복해!")

나는 할머니의 그 말을 하나님께서 보내주신 천사의 음성으로 들었다.

그런 다음에 할머니는 "내가 할 수 없는 것을 너희가 할 수 있으니 너희 교회에 헌금을 드리고 싶다"라면서 그 자리에서 수표(체크)를 써주셨다. 0을 하나 덜 읽어서 천 달러를 헌금하신 줄 알았는데 나중에 다시 보니 만 달러였다. 전도하는 모습을 보면서 천만 원을 그 자리에서 단번에 헌금하신 것이었다.

"I'm so happy. Korea is alive!"

오늘 당신 때문에, 당신이 무수한 고구마들을 찔러보는 것 때문에 "한국은 살아 있구나", "네가 거주하는 그 도시는 살아 있구나" 하시는 하나님의 음성을 듣게 되기를 주님의 이름으로 축원한다.

고구마전도학교 간증문

어느 전도의 툴보다 쉽게 적용하는 것에 큰 도전 받았습니다. 전도의 방법을 획득한 것이 아니라 하나님 아버지의 마음인 영혼 사랑의 간절한 마음을 공유한 것이 제일 큰 수확이었습니다.

– 멤피스한인침례교회 박승빈 은퇴목사

몇 번이고 머뭇거리다가 드디어 용기를 내어 한 세일즈맨에게 다가가 물건 하나를 부탁하면서 고구마를 찔렀다. "Do you believe in Jesus?" 그분은 놀라며 무척 부담을 느낀 목소리로 "Yes, I used to believe in

Jesus." 나는 그의 눈을 통해 아픔을 볼 수 있었고 하나님은 그의 아픔을 위해 기도할 수 있는 마음을 주셨다. 그는 동성연애자로 많은 상처를 받은 형제였다. 나는 복음을 제시했고 그는 예수님을 영접했다. 그가 어두운 터널을 잘 통과하도록 진심으로 기도했다. 전도를 마치고 돌아오는 길은 마음에 풍족함을 느끼며 기쁨과 감사의 시간, 행복한 시간이었다. 두렵고 가기 싫어하던 내 모습을 생각하며 이것이 바로 복음의 능력이라는 것을 체험했다.

- 제9기 고구마전도학교 김선미 집사

"혹시, 아이를 잃어버린 적이 있으세요? 아이 잃어버린 부모 마음이 바로 하나님 마음이에요." 순간 첫 아이의 3살 생일날, 샌디에고 발보아 파크에서 잃어버렸던 기억이 났다. 그때 심정은 이 아이를 못 찾으면 미쳐버릴 것 같았다. … 하나님 아버지의 마음을 공유하게 되고 그때부터 기도가 바뀌기 시작했다. '하나님, 오늘도 당신의 잃어버린 양, 사망의 음침한 골짜기에서 울고 있는 그 소중한 양 한 마리 만나도록 인도해주세요. 그 양이 오늘 당신의 따뜻한 품에 안겨 편히 울 수 있도록 복음 전할 기회를 허락해주세요.'

- 제24기 고구마전도학교 김지나

18장
아직 머물러 있습니까?

쫓아오는 바로의 군대

이스라엘의 출애굽은 처음부터 하나님의 인도를 받았다. 문설주에 흠 없는 유월절 어린 양의 피를 바르고 하나님의 힘으로 바로 왕의 압제에서 해방됐다. 홍해를 하나님께서 가르셨다.

400년 동안 종살이해서 아무것도 모르는 이스라엘 백성에게 그냥 홍해에 들어가라 하면 들어갈 사람 하나도 없다. 훈련도 안 받고 아무 믿음도 없는데 어떻게 들어가겠는가. 그러니 하나님께서 그들이 보는 앞에서 홍해를 가르는 기적을 보이신 것이다. 바다가 갈라지면 "와, 하나님이 역사하시는구나" 해서 들어갈 용기를 낼 테니까. 그런데 안 들어간다.

나이아가라 폭포 밑에 배를 타고 들어가면 얼마나 소리도 크고 물이 막 얼굴을 치는지, 그런 폭풍우가 없다. 생각해보라. 바다가 갈라졌는데 잔잔하고 고요하기만 할까? 그리고 들어갔는데 만약 중간에 합쳐지면 어떡하겠는가. 모세가 아무리 손을 들어도 이스라엘 백성은 400년 동안 종살이했기 때문에 믿음이 없어서 안 들어간다.

그럴 줄 아시고 하나님께서 바로 왕의 마음을 변화시켜서 뒤에서 군대가 쫓아오게 하신다. 그러니 어쩌겠는가. 잡힐 수는 없고, 앞의 길은 열려 있으니 들어갈 수밖에 없다. 하나님의 방법은 바로의 군대를 통해서 홍해로 집어넣는 것이다.

오늘 우리는 문제 앞에서 머뭇거리며 왜 나에게 이런 문제가 있느냐고만 한다. 문제 속으로 들어가 하나님의 역사를 보아야 하는데 두렵고 믿음이 없어서 못 들어간다. 그러면 하나님은 뒤에서 문제를 더 주셔서 결국 들어가게 하신다. 그래서 그 문제는 그저 내 문제가 아니라 하나님께서 주신 문제다. 그저 달라고 기도하고, 이 문제 해결해달라고 기도하고, 평생 그러다가 천국에 갈 것인가? 예수 믿는데 이런 마음으로 기도하고 믿음의 한 발을 내딛지 않겠는가?

"좋습니다, 이 문제 속에서 하나님의 역사를 보고 싶습니다. 이 문제 속에서 만나는 영혼을 복음으로 정복하고 섬김으로 다스리겠습니다."

성 밖을 보라

선지자는 하나님의 대변자인데 유일하게 이스라엘 백성들의 마음을 하나님께 항변한 선지자가 하박국이다.

"하나님, 왜 의인은 고난을 받고 악인은 영화를 누립니까. 헷갈립니다. 왜 죄인들은 저렇게 잘살고, 나쁜 짓 해서 땅 사고 빌딩 사고 다 부자가 되는데 왜 나는 이 모양입니까. 왜 아무리 기도해도 응답이 없습니까?"

이것이 당시 이스라엘 백성들의 마음이자 우리 신앙의 갈등인데 그런 마음을 하박국 선지자가 하나님께 항변했나. 그러자 하나님께서 "네가 본 것이 그게 다냐?" 하셨다. 볼 것이 더 있다는 것이다.

오늘 우리가 환경 바라보고 응답 안 되는 것 바라보고 불신자들 잘되는 것 바라보고 그들 앞에 초라한 내 모습 보면서 하나님께 왜 이러냐고 물을 때 하나님은 "네가 더 볼 게 있다. 더 보려면 파수꾼이 되어서 저 성벽 성루에 올라가라" 하신다. 성루는 성벽 위에서 망을 보는 곳이다. 네 눈으로 보지 말고 하나님의 관점으로 상황을 보라는 것이다. 쉽게 말하면 하나님께서 우리를 하나님 어깨에 목말 태워주시는 것이다.

하박국이 성루에 올라가 보니 성 안팎이 다 보였다. 안에서는 사람들이 사고팔고 시집가고 장가가고, 한쪽에서는 집 샀다고 좋아하고 또 한쪽에서는 집 잃었다고 슬퍼하는 그 모습이 다 보였다.

그런데 성 밖을 보니 적군이 쳐들어오고 있는데 이걸 못 본 것이었다. 적군이 쳐들어오면 성내에 도망갈 데가 없다. 아무리 개인적으로 잘되니 못되니 해도 적군이 정복하면 끝나버린다. 그런데 그 상황을 모르고 안에서는 왜 나한테 이런 일이 있냐, 하나님이 응답 없다 하고 있었다.

이 의미는 무엇인가. 오늘도 악한 영은 나와 우리 가정과 자녀들의 목을 계속 조여오고 있는데 우리는 영적으로 그것을 보지 못하고 환경만 보며 '나는 왜 이렇게 어렵나. 왜 이 문제가 있나. 하나님, 이것 좀 해결해주세요' 하고 있다.

악한 영이 조르는 것을 우리가 어떻게 이길 수 있겠는가. 그러나 하나님은 피할 길을 보여주신다. 피할 길은 바로 메시아에게 있다고 하시며 메시아이신 예수 그리스도에 대하여 계속해서 말씀해주신다.

그러자 하박국 선지자가 "여호와여 내가 주께 대한 소문을 듣고 놀랐나이다"(합 3:2) 한다. "하나님, 제가 잘못했습니다. 제가 볼 것을 못 보고 환경과 사람만 보았습니다. 뒷면에서 역사하는 악한 영의 해를 보지 못했습니다. 악한 영의 해를 이길 분은 예수 그리스도임을 모르고 내가 하려고 했습니다"라는 고백이다.

그 기도는 "여호와여 주는 주의 일을 이 수년 내에 부흥케 하옵소서"로 이어진다. 내가 원할 때가 아니고 하나님의 가장 적합한 때에 속히 이루어달라는 것이다. 자신의 위치를 파악하고 방향 잡고, 그

방향에서 우리를 이끄실 메시아 예수 그리스도를 인식했다면 우리
는 가정과 직장, 교회 등에서 주께서 주의 일을 이 수년 내에 부흥케
하시도록 기도하며 전진하는 신앙이 될 수 있다.

가데스 바네아에서 일어나라

이스라엘 백성이 40년 광야 생활을 했는데 놀라운 사실이 있다.
광야 생활 40년을 "홍해를 건너서 광야에서 1년, 2년, … 39년, 40
년" 이렇게 생각하는 분이 있을 텐데 그게 아니라 가데스 바네아 한
곳에서 37년 6개월을 머문 것이다.

출애굽을 한 후 홍해를 건너 요단강까지 40년 걸린 게 아니었다.
2년 7개월 걸려서 가데스 바네아까지 다 갔다. 가데스 바네아는
가나안 접경 지역이라 이제 다 온 셈이다. 그런데 거기서 열두 정탐
꾼 사건이 있었다.

지파 별로 한 명씩 열두 명을 보내 가나안을 정탐했다. 그런데
똑같이 보고 나서 열 명이 부정적인 보고를 했다. 여호수아와 갈렙
은 믿음으로 보고했지만 열 명이 부정적으로 보고하니까 백성들이
다 부정적인 쪽으로 마음이 기울어 통곡하고 원망하고 난리가 났
다. 하나님은 그들이 마음을 돌이킬 때까지 40년을 기다리신 것이
다. 광야 생활 40년 중 한 곳에 37년 이상을 있었다는 것을 어떻게
생각하는가.

교회를 30년 다녔는데 교회 시스템이나 교회 행정은 훤히 알지만 믿음은 하나도 없고 신앙 수준은 1년 믿은 사람과 똑같을 수 있다. 왜 그런가. 위치를 잘못 알고 방향이 없기 때문이다. 그러니까 아직도 내 자존심 찾고 내 목소리 키우는 것이다.

당신의 신앙은 나아가고 있는가, 머물러 있는가? 위치 파악도 못하고 방향도 못 잡고 지금까지 하나님의 인도가 무색할 만큼 그냥 주저앉아 37년 6개월째 머물러 있는 것은 아닌가?

이제 "나는 모태신앙이다, 신앙 연수로 20년 됐다, 30년 됐다" 하는 것을 싹 지워버리고, 이제 이 복음 앞에서 새롭게 첫 단추를 끼우고, 이제는 정복하고 다스릴 존재라는 내 위치를 가지고 가나안, 즉 믿지 않는 영혼, 믿지 않는 세상, 주저앉아 있는 영혼에게 다가가자. 그들에게 우리의 시선과 발길이 향할 때 하나님은 우리와 함께하시며 우리를 통해서 하나님의 일을 하실 것이다. 그리고 하나님의 일을 하는 나의 일도 감당해주실 것이다.

고구마전도

초판 1쇄 발행	2020년 2월 21일
지은이	김기동

펴낸이	여진구
책임편집	최현수
편집	이영주 김윤향 안수경 최은정 김아진 정아혜
책임디자인	조은혜 노지현 ┃ 마영애 조아라

기획·홍보	김영하	해외저작권	기은혜
마케팅	김상순 강성민 허병용	마케팅지원	최영배 정나영
제작	조영석 정도봉	경영지원	김혜경 김경희

이슬비전도학교	최경식	303비전성경암송학교	박정숙

303비전장학회 & 303비전꿈나무장학회   여운학

펴낸곳	규장

주소 06770 서울시 서초구 매헌로 16길 20(양재2동) 규장선교센터
전화 02)578-0003   팩스 02)578-7332
이메일 kyujang0691@gmail.com   홈페이지 www.kyujang.com
페이스북 facebook.com/kyujangbook   인스타그램 instagram.com/kyujang_com
카카오스토리 story.kakao.com/kyujangbook
등록일 1978.8.14. 제1-22

ⓒ 저자와의 협약 아래 인지는 생략되었습니다.
이 출판물은 저작권법에 의해 보호를 받는 저작물이므로 무단 전재와 무단 복제를 할 수 없습니다.

책값 뒤표지에 있습니다.
ISBN 979-11-6504-054-3 03230

규 ┃ 장 ┃ 수 ┃ 칙

1. 기도로 기획하고 기도로 제작한다.
2. 오직 그리스도의 성품을 사모하는 독자가 원하고 필요로 하는 책만을 출판한다.
3. 한 활자 한 문장에 온 정성을 쏟는다.
4. 성실과 정확을 생명으로 삼고 일한다.
5. 긍정적이며 적극적인 신앙과 신행일치에의 안내자의 사명을 다한다.
6. 충고와 조언을 항상 감사로 경청한다.
7. 지상목표는 문서선교에 있다.

하나님을 사랑하는 자 곧 그의 뜻대로 부르심을 입은 자들에게는 모든 것이 合力하여 善을 이루느니라(롬 8:28)

규장은 문서를 통해 복음전파와 신앙교육에 주력하는 국제적 출판사들의 협의체인 복음주의출판협회(E.C.P.A:Evangelical Christian Publishers Association)의 출판정신에 동참하는 회원(Associate Member)입니다.